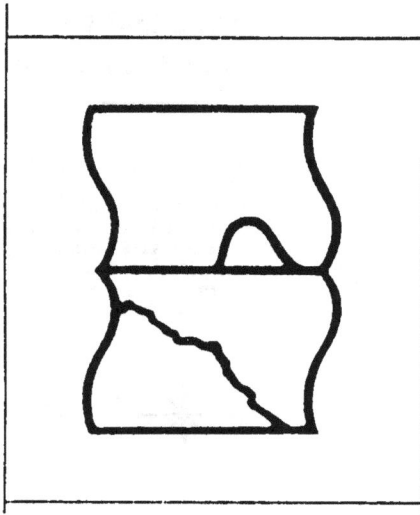

# A BETHLÉEM

## COMÉDIE-CRÈCHE-PASTORALE

En Cinq Actes et Six Tableaux

### Précédée d'un Prologue

EN VERS PROVENÇAUX, FRANÇAIS ET PATOIS-FRANÇAIS

Representée, pour la première fois, au Théâtre Delille en 1933

### PAR

## A.-L. GRANIER, FORGERON

### Entièrement Revue et Corrigée

### Musique de M. ALBIN ARNAUD

---

**NOUVELLE ÉDITION**

Seguido de quouqueis lineis de neis poésies festacados

---

Regardetz pas, lectour, se dins ma pastouralo
L'anachronisme tent la plaço principalo,
Ensin nous v'an leissat nouèstreis vieilhs davanciers :
Leis pastres soun d'Alpins vestids de draps groussiers
Qu de v'aoutres n'a vist l'amouley, lou cassaire,
Lou bóoumian gitanos, lou bóoumier d'aou terraire !...
Ma pèço es un moueeou per plaire fin qu'aou bout.
L'y cerquetz pas lou foun... mai la mouralo es tout.

EIS LIBRARIÈS PROUVENÇALOS E ENCO DE L'AOUTOUR

**Carrièro Thomas, 105,** aou plan ped

VO DEN A L'ATELIER, CARRIÉRO HAOUTO-RETOUNDO, 72

# POUR PARAITRE PROCHAINEMENT

(PAR SOUSCRIPTION)

# MEIS ESPOUSCADOS

Pantailhs d'antan e Loupinados,
Recueil çooujid de meis peços Prouvençalos
e Francesos
leis mens marridos,
déjà publicados en paouc de tous caires,
dins moun Loupin vo inedichos,
e precedados d'uno prefaço grammaticalo
d'après leis ysshemples
deis trobaires laureats daou mouyen-iagi

EN BEOU VOLUME GRAND IN-8° DE VEECH CENTS PAGEOS

⁎

EN VENTO EIS MEMOS ADRESSOS

# LA TRIBUNO DE TOUNIN

Cavos daou jour

PREX : DOUS SOOUS

Men'l et fils ainé. — Marseille.

# A BETHLÉEM

## COMÉDIE-CRÈCHE-PASTORALE

### En Cinq Actes et Six Tableaux

#### Précédée d'un Prologue

EN VERS PROVENÇAUX, FRANÇAIS ET PATOIS-FRANÇAIS

Représentée, pour la première fois, au Théâtre Delille en 1853

PAR

## A.-L. GRANIER, FORGERON

### Entièrement Revue et Corrigée

Musique de M. ALBIN ARNAUD

———

### NOUVELLE ÉDITION

Seguido de quauqueis travès de méis poésies destacados

———

Regardetz pas, lectour, se dins ma pastouralo
L'anachronisme tent la plaço principalo,
Ensin nous v'an leissat nouèstreis vieilhs davanciers :
Leis pastres soun d'Alpins viestids de draps groussiers
Qu de v'aoutres n'a vist l'amouley, lou cassaire,
Lou boumian gitanos, lou moounier daou terraire!...
Ma pèço es un moueccu per plaire finqu'aou bout.
L'y cercquetz pas lou foun.... mai la mouralo es tout.

## MARSILHO

### LEIS LIBRARIÈS PROUVENÇALOS E ENCO DE L'AOUTOUR

#### Carrièro Thomas, 105, aou plan ped

VO BEN A L'ATELIÈR, CARRIÉRO HAOUTO-RETOUNDO, 72

8° Yf

# PERSONNAGES

———

MICHEL, archange.
GABRIEL, archange.

SATAN ) Ces deux rôles peuvent
LUCIFER ) être supprimés à volonté.

————————

NOURA, 1er berger.
MIQUEOU, 2me berger, tambouri-
naire.
ROUMANIEOU, berger, comique
rusé.
FAVOUEILHO, vieux meunier.
NOURADE, femme de Favoueilho.
LAOURENT, chasseur.
PEOUNARD, remouleur auvergnat.
JANAN, 1er bohémien.
CAPOOU, 2e bohémien.
POUSTURO, 3e bohémien, femme.
PIARRE, aubergiste auvergnat
PIARRETTA, femme de Piarre.

BORGIN, pêcheur.
GANGUI, pêcheur.
CUCURNY, vieil aveugle.
MIQUELOUN, fils de Cucurny.
NORINE, petite bergère.
BABEOU, petite bergère.
HÉRODE, roi de Judée,
TITUS, vieux proconsul.
NIZAEL, confident d'Hérode.
CARKUS, centurion.
HYRCANIEL, grand prêtre.
1er Mage.
2e Mage.
3e Mage.

Phalanges d'Anges. — Soldats.

# AU PUBLIC AMATEUR DU PROVENÇAL

Les jeunes gens qui créèrent, il y a environ 33 ans, les rôles de cette crèche pastorale, écrite pour eux et sur leur demande, ne verront pas, pour la plupart, sans une vive satisfaction la réimpression de ce poëme.

Ces amis de l'art provençal, intelligents et perspicaces, qui surent se faire apprécier et applaudir par le public d'élite qui fréquentait alors le joli théâtre Delille, seront, n'en doutons pas, les zélés propagateurs de ce poëme pastoral.

Le souvenir des premiers débuts de l'adolescence dans la carrière de la vie reste profondément gravé dans le cœur des hommes qui pensent et qui se respectent.

Ils voudront bien porter leur attention sur les corrections en assez grand nombre que j'y ai faites, notamment au 2ᵉ tableau du 1ᵉʳ acte que j'ai entièrement refondu et qui porte en titre : LA PANIQUE DE ROUMANIÉOU.

De plus, je suis heureux de porter à la connaissance des nouveaux amateurs qu'ils pourront la représenter à leur gré sur une scène quelconque (1), à la condition

_____

(1) Tous droits d'auteur réservés.

*toutefois que ce sera sans y intercaler des parodies au gros sel, des opérettes et des insanités fort à la mode à l'heure actuelle ; en un mot, j'aimerai la voir représenter telle que je l'ai écrite dans ce livre.*

*Je crois utile aussi de faire savoir aux personnes qui pourraient la trouver trop longue pour la représenter en famille ou en société, qu'il leur sera toujours facultatif de choisir les actes qu'ils trouveront à leur fantaisie, et cela sans la déprécier le moins du monde.*

*On pourra aussi la lire aux réunions de famille, car elle ne perd rien à la lecture et est très amusante.*

*Le lecteur remarquera que la présente pastorale n' absolument rien de commun avec celle que l'on représente, chaque année, sur certaines scènes de la localité.*

*Je fais suivre, en plus, ma pastorale de quelques pièces de poésies provençales de genres divers et intitulées : UN SOUQUET.*

**N.-B. — Les amateurs trouveront ma manière d'écrire le provençal dans la préface grammaticale de mon volume LE LOUPIN.**

A.-L. GRANIER

Marseille, le      Juillet 1886.

————

Les formalités voulues par la loi ayant été remplies, je poursuivrai le contrefacteur.

# PROLOGUE

La scène représente un amas de nuages

## SCÈNE PREMIÈRE

### CHŒUR D'ANGES

Séjour de gloire,
Grâce à tes lois,
De la victoire
Nous sommes rois !
Satan, recule,
L'enfer qui brûle,
Dès aujourd'hui
Croule sous lui.

### Solo par l'ARCHANGE GABRIEL qui entre en scène

Anges, de l'Eternel célébrons la sagesse
Et le bonheur du paradis
Sous les portiques d'osiris.

### CHŒUR

Chantons, amis !
Fuyons la tristesse,
Coulons des jours en paix,
Que le Dieu de tendresse
Les prolonge à jamais (*bis*).

## SCÈNE II

### MICHEL, ARCHANGE

Bien aimés du Seigneur, rassemblez vos phalanges,
Dieu, comme les mortels, va se couvrir de langes ;
Lui, qui de tous les temps a gouverné les cieux,
Ne craint pas de descendre au foyer vicieux

Où l'homme cheminant de l'enfance à la tombe,
Sous le fardeau du mal à chaque instant succombe ;
Allez ! partez, prêcher la vérité, l'amour
Et la rédemption du terrestre séjour ;
Dans les logis obcurs où règne la misère,
Aux bergers, sur les monts, aux maîtres de la terre,
Dites bien que pour eux, Jésus se fait enfant,
Qu'il les couronnera d'un baume bienfaisant,
Qu'il méprisera l'or, que sa sainte tendresse
Bénira la vertu, !a candeur, la sagesse,
Partez ! courez ! volez ! appelez l'univers
A joindre son cantique à vos divins concerts ;
Que le palais des rois, comme l'humble chaumière
Se trouvent réunis au seuil de la prière ;
Montrez qu'au jour dernier, devant son tribunal,
L'atome du géant doit devenir l'égal,
Et quand dans ses revers, le pauvre en son village
Rencontrera le deuil dans son humble ménage,
Qu'il porte vers les cieux son regard attristé
Et quelqu'un répondra : Calvaire ! Eternité !
De ce baume privé le malheureux peut-être
Maudirait constamment le jour qui le vit naître !
Qui sait ! Anges bénis ! nous verrions les humains
Sans morale et sans mœurs ne plus croire aux destins.

GABRIEL.

A vos ordres, Michel, nos célestes phalanges
Vont partir, et soudain vous verrez les archanges
Annoncer aux mortels que le maître des cieux
Vient de naître aujourd'hui parmi les malheureux.

MICHEL

Allez! esprits divins, que rien ne vous arrête,
Voyager dans l'espace ou germe la tempête,
Eveiller cette nuit, au sein de leurs vergers
Par le son de vos cors, les paisibles bergers,
Votre message est pur, noble, saint, magnanime ;
Soutenez l'insensé qui penche vers l'abîme,
Faites comme je fis, combattez le péché
Dans l'antre où vos regards le trouveront caché,
Promettez à celui qui mourra dans la grâce,
Auprès de l'Eternel, une éternelle place.

GABRIEL, aux Anges

Vous l'avez entendu, le sceptre de la foi
Doit briser des Césars la croyance et la loi !
Amis, voici l'instant où le champ des étoiles
Va s'ouvrir sous nos pieds en écartant ses voiles,
Il est temps de chasser l'ignorance en tout lieu
Et d'apprendre aux humanis qu'il n'existe qu'un Dieu!

CHŒUR D'ANGES

Mortel dont la douce innocence
Attend chaque jour un sauveur,
Le ciel va bénir ta constance
Et combler les vœux de ton cœur ;
Chante mortel, chante victoire !
Ton chef, ton roi, ton Dieu descend!
Mais il veut bien laisser sa gloire
Au haut du ciel, du firmament.

SOLO

Sur le vieux monde,
Le nouveau gronde,
Dieu, l'Eternel

Se fait mortel,
Anges, afchanges,
Sur ces beaux langes
Versons des cieux
Nos chants pieux.

CHŒUR

En ces instants, l'Être suprême
Prend la dépouille des humains,
Effaçant jusqu'à son nom même !
Il veut accomplir ses desseins ;
Sur son front scintille une étoile,
Image de l'immensité !
Et la grandeur qu'elle dévoile
Dore du ciel la majesté.

FIN DU PROLOGUE

# A BETHLÉEM

---

## ACTE PREMIER

### PREMIER TABLEAU — RÉVÉLATION

---

La scène représente un pays montagneux, un moulin tournant à droite et la maison de Roumanieou à gauche. Deux bergers, Noura et Miqueou, sont couchés sur la scène.

## SCÈNE PREMIÈRE (*)

### SATAN ET LUCIFER

#### SATAN

Quintou pes massacrant toumbo v'uei Lucifer
Sus leis bras deis damnas, coumandants de l'infer,
Un Dieou ven eis mortaous far fenir la souffranço
E de soun paradis li douno l'esperanço !
Ben leou destançounas, mourem sus nouéstreis pas,
Pourrem plus devourar cent amos per repas.

#### LUCIFER

Tu que barges aqui, creses qu'esto neissenço
Engageara lou mounde à faire penitenço ?
Creses que leis couquins seran mai satisfachs
Quan Jesus dins soun sang lavara seis maoufachs ;

---

(*) Cette scène peut se jouer ou se supprimer à volonté.

Creses qu'aprés d'acol, leis vols, leis prejudicis,
L'adultero et l'orgueil seran plus dins seis vicis ;
E que tout l'avenir passant en countriciens
Plouraran leis pecas de seis vilens d'anciens ;
Creses que l'avaras curara soun armari
Per dounar de que vieoure aou paoure prouletari ;
Que lou leissara plus, quan li dira qu'a fam,
Mourir desguenilhad faoulo d'un troué de pan ;
Creses que deis infers voudran tapar la gulo,
Ounte la grosso part de l'ancien mounde brulo ?
Noun ! noun ! leis gens, Satan, sembloun pasà soun Dieou
E taou parlo vertu que roustira tou vieou !

SATAN

Cresi que dins l'espouar mi remetes, counfraire,
Vesieou, l'a qu'un moument, nouéstre mestier de caire,
Pensavi pas que l'home et la fremo surtout
Daou camin dei pecas vesien jamai lou bout.

LUCIFER

Ha ! noun, la proubita sus terro es plus de modo,
Cadun ensenço eissi lou gouvernaire Herodo,
Sus seis pas leis esclaous li toumboun à ginous,
E pas mens, dins soun couar si sente pas hurous,
Eh ! ben daou pople Juif es lou proumier exemple,
Per l'argent, un beou jour proufanara lou temple,
Per l'hounour, per l'orgueil nedara dins lou sang
Se s'agis de gardar sa courouno et soun rang.

SATAN

Dins lou sang pouès va creire e parles, pas coléguo.
Coumo quaouqu'un que saoulo à l'escart de la réguo,

Faou que sa man li trempe, e qu'a soun front leis gens
Pousquoun liegir la mouar de doux millo inoucents ;
Faou que dins soun palai ma tentado impassiblo
Aou plus leou fague faire aquelo scéno hoouriblo ;
Que dins lou desespouar d'un songi d'assassins
Trobe plus de repaous sus seis mouéles couissins !
E quan vendra soun jour de radiéro eizistenci,
Qu'a Dieou s'adreissara per faire penitenci,
Deis peds de soun liet d'or lou pougnirai tant fouar
Que li leissarai plus la mendro oumbro d'espouar,
Alors per soulagear lou mounde de seis crimes
L'empouartarai per couire aou fin founch deis abimes !

LUCIFER, montrant Noura, berger.

Alerto ! coumpagnoun, gueiro aquestou bergier
Si reveilho en pensant aou divin messagier !...

SATAN

Infer ! a teis bateous mette leis soumbros vélos !
Lou pastre daou valloun bouleguo leis parpellos,
Lou ciel va s'esclarcir, vengue à n'aoutres l'infer
E per leis maoufatans tenguen lou ben dubert !

(Ils disparaissent sous la scène)


## SCÈNE II

NOURA E MIQUEOU, bergers

NOURA, se réveillant

Es encaro matin e pas mens la valado
Coumo aou cooup de miejour mi pareisse esclarado,
Dirien que quaouquaren pas previst daou mortaou

Fa marchar leis ressorts deis moundes d'à moun d'haou:
Vesi dedins lou ciel millo e milleis estelos,
Toutis à l'unissoun mi pareissoun plus bellos ;
Sus un grand foun d'azur la lune en esplendour
Escupo uno clarta pus richo que lou jour ;
Tout change coumo un lamp que la man d'un Dieou
                                        guido !
Une nuech coumo aquelo es un charme de vido !
E quint Estre invisible animo aquel ingent
Es pas ieou ben segur... n'ai pas tant de talent !

MIQUEOU au public

Anen ! es proun pounchud, despuis lou teins que bramo
L'ai de Mestre Vieouloun l'aouriet perdut la gamo !
Pantailho dins la nuech, renouriet lou matin,
Lou jour s'amuso à beoure e parlo eme lou tchin,
Ensin à toueis moumens sa maoudicho linguetto
D'un richi-ri-chieou, chieou canto la cansounetto !

NOURA

D'un richi-ri-chieou, chieou ! que mi dies ? cadenoun !
Bouén Miqueou de toun nas applanto lou rounfloun !
N'en sieou desesperad ! voudrieou ti faire veire
Ce que ta visto meme aouriet peno de creire,
Ensin reveilho-ti, Miqueou ! Miqueou ! Miqueou !
Reluko dins leis airs !

MIQUEOU

                    Sies un gros estourneou !
Repaouso, e se voués pas leisso m'istar tranquile !

NOURA

A la vouax, mon ami, sabes que sieou doucile,

Mai pourriet l'arribar qu'à l'aoubo de deman
D'ignourar tout acot n'aguesses lou maran.

(Il s'endort)

GABRIEL, chante dans le lointain

Bergers natifs de ces fraiches montagnes
Quittez, quittez vos troupeaux de moutons,
Le gai bonheur règne dans vos campagnes
Et la vertu fleurit dans ces vallons ;
Courez, enfants, car à cette heure même
Le fils de Dieu qui régit les destins,
Sur Bethléem pose son diadème
Et vient souffrir tous les maux des humains.

UN BERGER chante dans les coulisses

Ti coumpreni Gabricou bel angi de passagi
Quan sus leis grands roucas, ounte paoure vivem,
Ti paouves, e nous dies qu'un Dicou dins un villagi
Es descendud daou ciel e voués que l'y courem.
O vous, bergiers ! enfants de la coulino,
Oouvetz, oouvetz ce que vous dis Gabricou !
Leissatz l'ave, cessatz de far farino,
Dins Bethelem es nat l'enfant de Dicou !


# SCÈNE III

NOURA, MIQUEOU, GABRIEL, archange

GABRIEL

Ils dorment ces bergers pour lesquels Dieu mon maître
Dans un corps douloureux vient de cacher son être,
Convier l'univers au banquet de ses lois,
Mettre au même niveau les peuples et les rois ;
Propager ses grandeurs et donner la lumière
A ceux qui n'ont jamais sorti de la matière ;
Ceux qui n'ayant connu que l'avilissement,

Esclaves ont vécu dans l'abrutissement.
Oh! depuis bien longtemps, sa divine tendresse
N'attendait que le jour pour remplir sa promesse,
Et ce jour est venu pour détruire l'orgueil,
Où le monde flottait commme sur un écueil.

S'adressant aux bergers :

Amis, qui sommeillez sur ce rocher sauvage,
Réveillez-vous! de Dieu, j'apporte le message !

(Les bergers se réveillent effrayés)

Enfants, ne tremblez pas, de moi, ne craignez rien !
Je viens vous apporter la lumière et le bien,
Le Dieu qui guide tout, le roi de la nature,
Vient de naître ici-bas, sous une humble toiture,
Une étable aux vieux murs lui tient lieu de palais,
C'est là qu'au genre humain il vient porter la paix,
Voulant prouver à tous, dans sa sainte clémence,
Qu'il faut vivre, souffrir et faire pénitence,
Que le bonheur n'est rien, s'il n'est jamais orné
De l'aumône qu'on fait au pauvre abandonné,
Ainsi ne craignez point, jouissez de la vie,
Portez vos pas vers Dieu, vers le fils de Marie,
En silence il attend ceux qu'il aimât toujours ;
Ceux qui, dans le malheur, implorent son secours ;
Ceux, enfin comme vous, qui, vivant solitaires,
Le grain et le bétail se partagent en frères,
Hâtez-vous donc, partez, et donnez au Sauveur
Si ce n'est la fortune au moins l'âme et le cœur.

(Il chante)

Transi de froid, ce Sauveur, sur la dure,
Vient d'établir son modeste berceau,

Lui qui commande à toute la nature,
Sa capitale est un humble hameau!
Préparez-vous et quittez la colline,
Pour adorer le fils du roi du ciel,
Dans une étable où tout est en ruine,
Vous trouverez ce céleste mortel.          *(bis).*

Adieu, bergers aimés, ou plutôt au revoir,
De vous bénir bientôt en partant j'ai l'espoir,
Et quand un jour de paix vous quitterez la terre,
Nous nous reverrons mieux, auprès de Dieu le père!

*(Il sort)*

## SCÈNE IV

### NOURA E MIQUEOU

#### MIQUEOU

O la poulido vouas! as vis aqueou garçoun,
Coumo nous a bargeat sa pichouno cansoun?

#### NOURA

E li dies un garçoun? Double sor quinto lamo!
Ieou cresi qu'a l'habit coumo pouarto Madame:
Un pichot coutilhoun, un visagi divin,
De petouns mignounets, pas lou mendre agassin,
Un corps drech coumo un i sus sa minço centuro,
Anfin d'un angi pur li vesi la figuro.

## SCÈNE V

Les mêmes, ROUMANIEOU, sortant de sa maison.

#### ROUMANIEOU, à Noura

L'as mes la man dessus! la persouno en questien
Es un angi daou ciel qu'a reçu per missien

D'anouaçar de partout qu'un Dieou bouén, caritable,
Ven de neisse esto nuech dins lou foun d'un establc.

NOURA, à Miqueou

Hé ben! tout endurmi, m'as-ti pas dich, Miqueou,
Qu'eri d'estou quartier lou pus gros estourneou!

MIQUEOU

Fraire, pardouno-mi, cresi que la fatiguo
Mi tapavo leis ueils uno pichoto briguo,
Aro veni de veire anfin quinto bounta
Presido eis sants decrets de la divinita.

ROUMANIEOU

Que n'en diatz, meis amis, d'uno tallo nouvello,
L'a prendretz pas, bessai, per uno bagatello?

MIQUEOU

Ieou disi, per ma part, que s'Herodo pren poou,
Sa testo dins lou sang arrousara lou soou,
E qu'alors lou pichoun retournant vers soun paire
Après qu'aoura perit dins leis mans d'aqueou laire,
Nous leissara souffrir coumo si meritam,
Mourir de languiment faouto d'un troué de pan!

NOURA

Que sies bouen, moun ami, la puissanço brutalo
D'un rei pastad d'orgueil dins uno capitalo
Es ben minço aou cousta daou mestre Tout-Puissant;
Aqueou meno parier lou meskin e lou grand,
Couneis pas leis tresors ni mai leis pampailhetos,
Lou juste e lou couquin leis vist senso lunettos,
E taou per un moument s'escarto daou camin,
Que sa celesto man l'escraso coumo un brin!

ROUMANIEOU, bètement

Turluro qu'es gailhard! adounc, lest à l'oubragi!
Reveilhem leis bergiers d'aquestou vesinagi,
Car m'avisi dejà que sus leis mounts, leis gens
An vendut leis mouraous per croumpar de presents.

NOURA

As resoun, Roumanieou, pitoué de l'alegresso,
M'avisi que cadun, dins aquelo surpresso,
Deis cimos deis roucas, descende lou valoun
Per l'anar demandar longuo vido e pardoun.

ROUMANIEOU

Miqueou, qu'a de pecas, deou despachar l'affaire!

NOURA

Surtout quan lou vin blanc lou fa marchar de caire.

MIQUEOU

Anem siatz dous farçurs, se vouletz galegear,
Jamai reussiretz à mi faire enragear,
Reveilhem lou vesin...

NOURA

Qu, lou moounier Favoueilho!
Aqueou-si qu'a l'esprit pas maou près de la roueilho,
Se va pren à l'envers.

ROUMANIEOU, s'armant d'un balai

Mi cargui daou fricot,
Eme l'escoubioun li pinti lou cocò!

MIQUEOU, crie

Hola! daou, farinier, moounier de la farino!
Favoueilho, levatz-vous eme vouestro rabino!

(Remuant la tèto)

Ha! v'ouach! l'entende ren! lou coulèguo es bouchad!...

2

ROUMANIEOU

Durme dins seis lançoous coumo un tchin agrounchad!
Adounc bargeo pus fouar! roumpe-li la pouartiéro!
De calados fai-li passar dins la crousiéro!
Se l'encapoun lou nas, segur leis sentira!

MIQUEOU

Adjudo-mi tamben, moun counfraire Noura!

NOURA

Ieou lou gueiri d'eissi; tu, toco-li l'aoubado
Eme toun bastounet sus sa pouarto d'intrado.

MIQUEOU, frappe et chante

O vieilh moounier
Que fetz petar la narro,
O vieilh ratier,
Vous anam dounar barro!
O vieilh moounier,
Se saoulatz pas daou liet,
O vieilh ratier
Levatz-vous en camié!


SCÈNE VI

Les mêmes, FAVOUEILHO

FAVOUEILHO, parait à la croisée du moulin et chante (air pastoral)

Esperatz dous mouments,
Garobouéntems,
Ma triquetto
Roundeletto,
Esperatz dous mouments,
Garobouéntems,
Va vous adoubar leis rens!
De venir tant matin

Faire charavarin,
E m'espessar la pouarto.
Aquelo! Aquelo! es pueis trooup fouarto!
Esperatz, raço de tchin! (*bis*).
(Roumanieou lui barbouille le visage de blanc et de noir avec son balai)

NOURA, à Mignoou

De toun caire tent bouën, ieou mi cargui daou resto,
Per l'affaire en questien agues la *linguo* lesto,
Que nouèstre vieilh Darbous souartent daou bastidoun
Si servissesse pas coumo dis daou bastoun
Per mi roumpre la testo e lou bas de l'esquino,
Es que sabi qu'aqui l'ai ges de taranino.

FAVOUEILHO, sortant du moulin armé d'un sarmènt

Es v'aoutres, maoufatans, qu'eme tant de toupet!...

ROUMANIEOU, le montrant aux bergers

A prepaou deis Darbous, es pas maou, lou tapet!

FAVOUEILHO, à Roumanieou

E tu n'en sies tamben! lou tourment de moun iagi!


# SCÈNE VII

## Les mêmes, NOURADO

NOURADO, s'adressant à Favoueilho

Moun home qu'aimi tant, pouarge-mi toun visagi.

(Elle chante, air pastoral)

Ho! mai, qu'es arribad!
Series toumbad,
Moun Favoueilho
Fresque choueilho.
Ho! mai qu'es arribad!
Series toumbad :

Sies tout blanc e mascarad!
Dirien que la sartan
N'a mes soun pichoun gran
E l'enfarinadouiro,
Que lou blanc daou blad revouiro,
Ti n'a coula lou restant.

FAVOUEILHO

Ma pichouno mouilhet rintro, t'enrooumariés!
Lou nebou Roumanieou, mi gardo, coumo viés.
Eme un parier soustent cregni pas moun semblable...

(Nourado rentre au moulin)


## SCÈNE VIII

FAVOUEILHO, ROUMANIEOU, NOURA, MIQUEOU

NOURA, à Favoueilho

Bouén vieilh, à Bethelem, dins lou pus paoure estable,
Lou Messio proumes despueis leis anciens tems
Ven de neisse, saoubretz, l'a que quauqueis moumens.

FAVOUEILHO

Ho! qu'unto que m'en diatz! cresi que mi fetz boiro!

MIQUEOU

Un angi nous l'anounço envirooutad de gloiro,
Pas coumo lou pichoun d'un boudenfle d'orgueil,
Qu'à forço de s'enflar, li vis plus que d'un ueil,
Mai coumo lou mandat daou mestre que gouverno,
L'astre eis rayouns doourad daou mounde la lanterno!

ROUMANIEOU, le narguant

Aouriatz pas, brave vieilh, lou nas tant ben pintat,
S'aviatz adés encaro aousit soun troumpetat,

Vaqui perqu'en durment e fent l'ooureilho duro,
Tant d'autres, coumo vous, an agut la figuro...

FAVOUEILHO, surpris

Quan midiatz, ieou cresieou qu'en fent semblant de ren,
Eme un escoubioun m'aviatz mes quaouquaren !
Si couneis que l'esprit quan trimo de boulino...

(Presque évanoui)

Fa gassayar lou corps... et patafloun d'esquino...

NOURA, le soutenant

Vous pardounam toutjours de vouèstro empourtacien...

ROUMANIEOU

Moun ouncle daou regret n'en fa la counfessien.

FAVOUEILHO

Ha! segur, meis enfants! daou regret que mi douno
Fa que cresi qu'ai plus lou biai d'uno persouno.

ROUMANIEOU

Pas mens la reveilhado, à l'houro daou repaou,
Vous a pas ren dounat deis airs d'un animaou ;
La figuro qu'avetz tent en ren de la besti,
E davant leis amis fiérament vous r'attesti.

FAVOUEILHO

Noun! noun! mai cres-ti ben que voudrieou pas, nebou,
Leis aguer suppousat de pintar...

ROUMANIEOU

                    Ren de tout !

Es l'angi que va fach, n'ai ren aoutre à vous dire...

FAVOUEILHO

Dins aqueou cas, bergiers, prenetz-va tout per rire...
Revenguem aou sujet per n'aoutres principaou,

Es tems que ma Nourado aoussi va sabe un paou.

*Il se retourne et crie :*

Vieilho! per lou depart, preparo la menestro!
Fai leou! despacho-ti! debaousso-ti de l'estro!
Fagues pas de retard, maran de cadenoun!
Tout lou mounde es levat deja dins lou valoun!...

## SCÈNE IX

### Les mêmes, NOURADO

**FAVOUEILHO** prend Nourado sous son bras et chante (air pastoral)

Faou trimar vers Bethelem,
　　Ma fremo Nourado,
En brassetto l'anarem
　　Veire uno accouchado,
Qu'a fach un tant bel enfant
Tout celesto et tout puissant.
　　Que lou cresi Dieou,
　　Daou paire lou fieou
　　Es nouestro Messio
　　Nascud de Mario.

**NOURADO**, chante (même air)

Ho! mai que mi diés à qui,
　　Moun home Favoueilho!
Cresi que lou riquiqui
　　Ta cabesso embrouilho!
Se ce que diés es vérai,
Paoure vieilho, ti suivrai.

*(Elle lui pince le menton)*

　　Moun bouèn hooumenet,
　　Poulid grisounet,
　　Veire la nichado
　　Eme l'accouchado.

LES BERGERS, en chœur

O marrido que vous siatz !
Perque pas va creire,
Coumo n'aoutres lou pouriatz
Adourar e veire,
Caminem dounc à grands pas,
En traversant leis roucas,
Creads per la man
D'aqueou Dieou puissant,
Nat dins un estable
Coumo un miserable !

NOURADO

Y'ouei, meis braveis pitouès, de bouèn couar li consenti.

FAVOUEILHO

Un trouè de biscountin à cadun vous presenti,
Es d'une qualita coumo s'en vist en luech ;
Pas crus, un paou brulad, natureou, gaire cuech,
Dins lou goouzier toutjours va li querre sa plaço.

ROUMANIEOU, empesta du gosier

Maou siet daou biscountin, cresi qu'es uno estrasso !

(A Favoueilho)

Se mangeatz de pedas, vous soubraretz de bens,
Mai faou pas n'en oouffrir per estranglar leis gens !

FAVOUEILHO

Estranglar moun enfant ! fagues pas de tapagi !
Après ieou sies moounier, va ti douni per gagi ;
Se sies, entendem-si, toutjours brave garçoun,
A pas ti remouquar d'un à l'aoutre cantoun,
Neguad dins leis vapours de l'esprit de la souco,
Es qu'alors n'aouries ren per ti mettre à la bouco !...

ROUMANIEOU, malignement

Moun ouncle beou, sabetz que vous sieou pas suspect,

E que per vouèstre argent ai lou pus grand respect,
Soulament voudrieou pas n'en faire lou partagi
Eme Joouset l'Anchoyo, aqueou daou gros gavagi.

FAVOUEILHO

Enfant ! après ma mouar, trobaras un paquet
Qu'ai mes à l'escoundoun nouzad dins un saquet,
Adins, descurbiras en lou durbent tout d'uno
La dounacien à tu de touto ma fortuno !...

ROUMANIEOU, aux bergers.

Alors aqueou moulin que fa lou ta ta ta !
Devendra l'oustaloun de la fraternita,
Ensens goudiflarem leis lapins, leis galinos,
E lou pouarc nous fara lipar leis cinq sardinos !

LES BERGERS, à Nourado (chur)

Estimablo moounièro,
Es l'houro que quittem
Nouèstro coulino chiero,
La fedo matinièro,
Per courre à Bethelem,
Recouneissenço entièro
Aou Dieou que l'y veirem.

NOURADO, solo

De ma pus tendro enfanço,
Moun seni reire grand
Lou sero eme counfianço,
Mi disiet : — Moun enfant,
De la chasteta puro
Neissira, quaouque jour,
Lou Dieou de la naturo
Per lavar la negrour
Qu'a leissat l'impousturo
Sus nouèstro creaturo
En cuvilhem uno flour.

CHUR

Per n'aóutreis que festo !
N'en perdem la testo,
Lou vin daou touncou
Juguo de soun testo,
Mai que lou souleou
Caouffo lou cerveou,
Festo !
Vivo à jamai l'enfant divin
Que nous fournis de tant bouèn vin !

NOURA, solo

Lou vin, meis chiers counfraires,
Lavo lou gargassoun,
Mai fa pas leis affaires
D'aqueou que n'a pas proun,
Taou n'a qu'un chicouloun
Que voudriet si n'en veiro
Lou ventre tout redoun,
E puis, poudetz va creiro,
En paouc dins soun croutoun,
Emo encaro un plen veiro
Qua n'a plus aou bidoun !

CHUR

Per n'aoutreis que festo ! etc.

NOURA

Anem, per lou depart, emplir nouèstreis carniers,
Favoueilho, esperatz-nous, serem pas leis radiers.

FAVOUEILHO

Analz! gracieous bergiers, que Dieou vous accompagne.

ROUMANIEOU

E se lou tems es nieou, que la plugeo vous bagne !...

NOURADO

Aou luguo de mandar teis prepaous insoulents,
Fariés miés...

ROUMANIEOU, sortant avec les bergers

V'ouei, m'en vaou cercar quaouqeis presents.

# SCÈNE X

FAVOUEILHO, NOURADO

NOURADO, à Favoueilho

E tu, dins aqueou tems, vai-ti passar leis braillios...

FAVOUEILHO

As resoun, ma mouilhet... ti pouerti de chicailhos?

NOURADO

He ben! coumo voudras, sabes que quan li vaou,
L'escoubo aou poutagier, va li passi pas paou...

FAVOUEILHO

Ai foumo espero-mi, ma pichouno fremetto!...

(Au public)

Es pleno de gouvert, mai pueis es trooup pateto.

(Il rentre au moulin)

NOURADO, le regardant aller

Vai-t'en, vai, vieilh renaire, insipide Jacò!
Cresi qu'a de renets lougeads dins soun cocò!

# SCÈNE XI

NOURADO, LAOURENT, NORINO, BABEOU

LAOURENT, armé d'une arbalète ou d'un fusil, chante

Cantem de la coulino
L'air pur, leis aoubres flourissents,
L'oundetto cristalino,
Eimagi daou beou tems.

Un jour vendra que leis cadets
Gouvernaram plus leis bidets
Ni si boufaram plus eis dets,
    Alors dins la verduro,
Souto d'oumbragis ravissents,
    Veiretz quinto tournuro
    Prendran leis joucineis gens.

Toutjours jouyous, dins leis vergiers,
Cueilhirem de fruits printaniers
Quan vendra lou tems deis rousiers ;
    Vieouletto, farigouro
Samenarem sus leis camins
    Finquo que vengue l'houro
    De mai rintrar dedins.

Eis dous accords daou chalumeou,
Farem saoutar vesto, capeou,
E siblarem un air nouveou,
    De sor dins la valado
S'oouvira que souen de fluitets,
    Oh ! ma bouèno Nourado,
    Que serem countentets !

NOURADO

Hò ! Laourent, sies aqui, déjà cantes la joyo ?
Du diantre tant matin ti douno aquelo voyo ?
Tu que prenes plesir qu'à bacelar toun ai,
L'estouni de ti veire en esto houro tant gay ?

LAOURENT

Ieou pas feniant, sabetz. mespresi leis vanélos
Que daou souar à miéjour fan jugnar leis parpélos ;
Lou trabail es per ieou quaouquarem de tant beou,
Qu'abandounarieou tout per tout faire per eou,
Soulament, maire-grand, poudetz eïzad vous creire

Qu'à sa plaço tout lest aimi fouerso lou veiro.
E ce que, cadebieou, de tout cregni lou mai,
Es quan mi faou poussar la ·arreto eme l'ai
Dins leis drayoous peirous de la grosso coulino,
Alors à cooup de fouit l'espessarieou l'esquino !

### SOURADO

Pouriés, mi semblariet, va prendre en paouc pus plan,
Coumo tu l'aze es fach d'ouès, de nerfs e de sang.
Aimi pas leis jouvens eis cervellos proun duros
Que piquoun per un ren aqueleis creaturos !

### LAOURENT

Te ! te que mi rounflatz, vieilho, vouèstro sermoun
Despueis lou péro Adam es passat de sesoun...

### NORINO (*)

Es un vilen cocò ! Moun paire, à la bastido,
A bello li creidar, tent roussin per la brido !
Se camines ensin lou faras desbaoussar
Sus leis roquos deis mounts qu'aouras à trepassar,
He ! ben pus testarud que la besti que meno,
D'escoutar seis counseous vaou pas prendre la peno.

### BABEOU

Siam toueis de la familho, et sabes ben perque
Tenem daou testarud cadun nouèstre paquet :
Es que moun seni-grand, que Dieou l'ague, pecaire,
Aviet, per la countresto, heirita de soun paire,

---

(*) Les rôles de Norino et Babeou sont deux rôles accessoires qui peuvent étre remplis par de petites filles ou de jeunes garçons.

Lou nouèstre, va sabem, aviet tirat daou sieou,
E Laourent qu'es aqui de soun ~~ire es lou fleou.

LAOURENT

Degun vous douno dret, filatz, marrido troupo,
Anatz-v'en debueilhar vouèstro testo d'estoupo,
Cadun a sa passien, la mieouno es d'assoumar !

(Favoueilho fait du bruit dans le moulin)

NOURADO

Es mai Favoueilho, Dieou, quint home per bramar !

FAVOUEILHO, paraissant à la croisée, crie :

Nourado! ô cadenoun! ounte as mai mes l'escoubo!
La cerqui, trobi ren, vè ti faricou la loubo!

NOURADO

Leis ho: es, oouvetz-leis, n'an pas ges de defaou :
Fan tout dessus dessouto et jamai ren de maou,
Tout toumbo sus lou couèl de seis paoureis fumelos
E pueis nous dien après que siam de renarelos.

(Elle chante)

Que pacienço, Signour Dieou,
    Quan siatz en meinagi,
Qu'avetz un nebou caticou
    Qu'espero heiritagi ;
Encaro acot seriet ren
Se vouèstre home aviet lou sen
    De vous adjudar,
    De jamai creidar
    Ti roumpi la mino
    D'un cooup de terrino!

(Elle rentre au moulin, les jeunes bergères la suivent)

FIN DU PREMIER TABLEAU

# ACTE PREMIER
### DEUXIÈME TABLEAU

## LA PANIQUE DE ROUMANIEOU

Un changement à vue doit permettre de faire disparaître le moulin et la maison de Roumanieou, afin que la scène ne représente qu'une forêt déserte un peu obscure.

## SCÈNE PREMIÈRE

LAOURENT, ROUMANIEOU, tenant une lanterne

ROUMANIEOU, chante

Moun galois persounagi
Marcho vers Bethelem,
Toutjours plen de couragi
Seguisso toun vouyagi
    Gayament.

Teis piados soun saventos,
Evitoun leis roucas,
Passoun pas dins leis fentos,
Van ben daize eis descentos,
    Dieu que pas!!

(Il heurte une pierre et tombe)

LAOURENT, riant

Vaqui qu'en rodelant, lou paoure darnagas,
Es anat s'escornar lou front sus un roucas.

ROUMANIEOU, se relevant

Oh! malhur deis malhurs! à peno de partenço,
Adieou dejà plesir, joyo, rejouissenço,
Mi vaquit tout soulet isoulad dins lou bouès,

Aro paoure pitoué debasto-ti se pouès !

. . . . . . . . . . . . . . . . . . . . . . . . . .

E que saoub se leis uous qu'ai mes dins ma saquetto
N'auran pas trooup souffrit d'aquelo resquietto?
N'en tremouéli de poou! moun broussin! moun coulis? *

(Se palpant les poches)

Ai fach senso sartan l'ooumeletto aou pastis!

LAOURENT, l'accostant

Tamben...

ROUMANIEOU, épouvanté

Ah! aou voulur! segoundo catastrofo!...
Sieou pas mens pas viestid d'uno tant bello estofo!

LAOURENT, riant toujours

Mai qu'avetz, vous faou poou? Caspi que lingoumbaou,
Sieou pas eissi bessai per vous faire de maou!
Mi recouneissetz pas!... sieou Laourent, lou cassaire!...

ROUMANIEOU, l'examinant avec sa lanterne

Alors siatz un ami?... Veguem un paouc coumpaire?...

Au public :

Sabi pas se l'esfray mi lèvo la clarta
Vo sai poou de l'ooutis que tent à soun cousta,
Mai lou remetti pas! senti dins ma basano
Quaouquaren que mi fach bouilhir la damo-jeanno.

(Il l'examine de nouveau)

A soun air, dins acot, lou souvenir mi vent...
Sus soun front, dins seis ueils recouneissi... Laourent!
Que toun noum sied benit!... Toco la mandibulo!

---

(*) Ici commence la transformation complète de mon ex-
deuxième tableau, dit *Le Courrier*, qui fut imprimé dans ma
première édition et que j'intitule : *La Panique de Roumanieou*.

Maran siet de la nuech quan l'esfrai vous canulo !
T'ai prés per un voulur armad de soun fusieou.

LAOURENT, s'en allant

Toun terme es pas flattour... adounc, t'en remercieou !

ROUMANIEOU

Foudriet pas dins acot, prendre aquelo mespresso...

LAOURENT

Noun, mai qu'aviés ben souen n'en farieou l'escoumesso
A tout sorcier vengut.

ROUMANIEOU

Ce que dies es verai,
E pueis, sieou pas tranquile... oh ! signour, quint esfrai !
Oouve leis cascaveous deis booumians ! deis booumianos !
N'en a de gros moulouns eissa bas dins leis planos !...
Reluko-leis venir ! Serem perduts... Laourent
Se partem pas d'eissi vite, vite en courent...
Nous durbiran lou ventre e pueis la gargamello
E nous assoumaran à cooup de taravello !
Escoundem-si, subran...

(Il court)

LAOURENT

Anem... n'as pas lou fieou,
Seras toutjours poourous, mon paoure Roumanieou,
Rejougnem si se voués dessouto uno broussailho.

(Ils vont se cacher)

ROUMANIEOU

E mi farai pichoun, pus pichoun qu'uno cailho.

(Pendant qu'il court pour se cacher, il heurte un bohémien placé à gauche, et en voulant l'éviter passant vers la droite, il monte sur le pied d'un autre bohémien. — Cris d'épouvante.)

## SCÈNE II

Les mêmes, JANAN, CAPOOU, POUSTURO

JANAN

'raires, avançatz-vous, l'a plus degun eissi,
a pailhiéro es fermado e lou moulin aoussi.

CAPOOU

'aou veire d'agantar lou jouvenas arléri
u'a traversat l'estrado eme un taou treboulèri,
Que m'a quichat la pato, en troutant coumo un ai,
li faire pouartar ma liasso de varai.

POUSTURO, bohémienne

i dounaraï moun gat ben segur se l'aganti,
se vaou reguignar, d'un cooup de pound l'applanti!

JANAN

Ii semblo de lou veire eissa dins lou ravin.
'ai, per lou despistar, n'as pas besoun de tchin.

CAPOOU

'eguem s'aouras l'ueil fin e lou nas à la pisto?

ROUMANIEOU, crie dans la coulisse

Ii leisses, que, booumians! estrasso maigro e tristo!
(Il entre en scène, criant)
aourent, à moun secours! Favoueilho! leis bergiers!
rmatz-vous finqu'eis dents per tuar leis estrangiers!!

LAOURENT, armant son fusil

'ouyageours, se venetz per nous faire d'oouvari,
Desbarrassatz la couélo, aoutrament vous desclari
Que moun armo de vous n'aoura ges de pieta!

                                    3

JANAN

Capoou, Pousturo, eissi cadun à moun cousta!

ROUMANIEOU, s'armant d'une fourche (à part)

S'ero pas qu'ai tant poou per ma paouro carcasso,
L'anarieou de dernier li crebar la pailhasso,
En li plantant ma fourco, e coumo lou moulin
Virarieou! virarieou senso jamai de fin!
Eusin lou mandarieou countemplar leis estélos
Aou pays de la maouguo eme leis saoutarellos...

DUO

| LAOURENT | JANAN |
|---|---|
| Fugetz lou vesinagi | Fugem lou vesinagi |
| Deis gens d'estou paragi, | Deis gens d'estou paragi, |
| L'y faguetz pas de tort. | L'y farem pas de tort. |
| Luench d'aquesto valado, | Luench d'aquesto valado, |
| Cercatz uno countrado | Cercam uno countrado |
| Per jouir de vouèstro or, | Per jouir de nouèstro or |
| Oh! oh! | Oh! oh! |
| Per jouir de vouèstro or, | Per jouir de nouèstro o |
| Oh! oh! de vouèstro or!... | Oh! oh! de nouèstro or! |

JANAN (couplet)

L'or que tenem nous couèsto gairo,
Avem lou gaoubi de lou fairo,
E quan l'an maou rejounch l'affairo
Es de mandar la man.

LAOURENT, répond (même air)

Adounc anatz, sotteis coumpagnos,
A d'aoutreis gens dounar de lagnos,
Leissatz en pax nouèstreis mountagnos!
D'eissi fichatz lou camp!
Reprise du duo

(Le rideau baisse)

FIN DU DEUXIÈME TABLEAU ET DU PREMIER ACTE

# ACTE DEUXIÈME

## CHASSEUR, REMOULEUR, BOHÉMIENS

La scène représente le même décor que le précédent, un banc de gazon est placé en plus à la gauche du spectateur.

## SCÈNE PREMIÈRE

### LAOURENT, seul

L'a proun peno aoujourd'hui, per qu trèvo la casso,
De s'emplir lou carnier de lebre e de becasso ;
Lou gibier s'enrarisse e semblo si trufar
Daou pitouè susarent que va per l'achoupar,
Lou cassaire, pas mens, es uno creaturo
A jamai recular quan crés de far capturo,
Aou retour vous dis ben : mi l'agantaran plus !
Mai serment de sa part soun de mots superflus...

. . . . . . . . . . . . . . . . . . . . . . . .

Escoutem... quint oousseou, que rougeo cardelino ?
Descende tant matin deis baous de la coulino ?
Sa vouas mi pareis pas pourtant harmounioué,
Semblo leis cris d'un ours en qu compoun la coué.

# SCÈNE II

## LAOURENT, PEOUNARD (remouleur)

**PEOUNARD, entre en chantant.**

Pour opérer lé remoulatgé,
Il faut estre bon aiguisur,
Aller de vilatgé en vilatgé.
Estre countent de soun labur.
Mais pour conserver las pratiqué,
Lui faire payer bien moins cer
Que celui qui, dans sa boutiqué,
Peut s'éviter les courants d'air.
    Vivé lé remoulatgé !
    Vivé moun persounatgé !
Vivé moun petit gagné pain
      Refrain
    Que ch'ai pour apanatgé.


La cuisinieré d'une damé
Hier me porta quelques couteaux,
C'était uné petité lamé
Qui coupait comme des ciseaux;
Mais quan la linotté gailhardé
Vint pour les prendre sans argent,
Jé lui dis fillé, je lé gardé,
E les voilà pour le montant!
    Vivé lé remoulatgé!
    Vivé moun persounatgé !
Vivé moun petit gagné pain
      Refrain
    Que ch'ai pour apanatgé.

(Faisant tinter des écus dans un sac).

Si vous saviez combien jé l'aimé
Cet or, le fruit de ma sueur;
C'est mon espoir, c'est mon Dieu mémé,
C'est mon amour, c'est mon bonheur!
Aucun mortel du Puy-de-Domé
Né pourrait en montrer autant.
Jé suis du resté un honnéte hommé
E jé lé gagné en remoulant.
    Vivé lé remoulatgé!
    Vivé moun persounatgé!
 Vivé moun petit gagné pain
     Refrain
    Que ch'ai pour apanatgé!

LAOURENT (à part)

Quintou bel aouvernias! coumo a la manipolo
De virar sa cansoun dins la bouéno rigolo,
Pareis que daou trabail si n'en tiro countent...
Aourai bessai trobat l'home que mi convent.

(A Peounard)

Hé! ben, mestre Peounard, dirien que leis affaires
De vouéstre pichot trin marchoun jamai de caire!...

PEOUNARD, surpris

Ha!... né vous en déplaisé... incliné tant soit peu
Sur ma meulé qui tourné en projetant du feu.
J'ai soin de me placer dans un endroit propicé
Qui me donné au travail un petit bénéficé,
Et ce travail sans cessé allant du jour au jour
Es causé que jé chanté en partant pour mon tour...

LAOURENT

Cresi ce que me diatz... mai per la boustifailho

Pensatz pas de v'emplir lou fanaou que de pailho,
Senso estre *groumandoun*, à defaou de *fayoous*,
Eimatz pas eis lapins li tirar quaouqueis cœups?

PEOUNARD

Saint Diet, suis pas gourmand, mais je puis vous
[promettre
Que dans les bons fricots j'y plongerai mon être!
Malgré que lé fromagé ait pour moi de savur,
Les perdrix, les lébraux auraient de la valur!
Cependant j'aimé mieux, pour augmenter ma boursé,
Manger le pain à l'ail et boire l'eau de sourcé.

LAOUREST

Alors, vendra lou jour que daou pés de l'argent
Pourretz plus tirassar vouéstre ooutis en plen vent!
E se quaouque voulur per fes vous arrestavo,
Coumo un marrid couquin qu'eissi leis gens pilhavo,
Que senso vous crebar vouéstreis ueils à quinquets,
V'escoubesse leis soous qu'avetz dins leis saquets?

PEOUNARD, furieux

Peut-être que d'un coup de cellé manivellé
Je lui ferai saouter vingt pas loin la cervellé!
Sans toutefois me mettre en rien dans l'embarras...
Seulement lé coquin marcherait au trépas.

(Il se donne de l'importance)

Ah! ce qué mon garçon, je ne suis pas très tendré!
Rien qu'à l'air que vous faou, vous devriet lé comprendré,
La preuvé, un chat maudit que ni cresiet proun bon
De me laisser manger mon pain et mon jambon,
Il venait d'escondon, par derriere ma reulé,

our me faire passer mon manger dans sa gueulé!
etit mieou, je lui dis, en fent semblant de rien,
vance encare un peu, viens que je t'aimé bien...
t le petit voulur, la maoudicho canailhé
'avançait pour chiper mà requisto chicailhé
t se lipait déjà... mais, l'observant d'un œil,
e luis dis : plus qu'un pas, avancé l'écureuil!
t comme il a le front de lui mander la patté,
aganté de mon pied la ferrada sabaté,
a lui mande à son nez... et du coup étant mort,
'a plus agut l'esprit d'y retourner encor!

LAOURENT

nem! avetz d'aploum e se vous pren ideio
e mangear quaouquaren qu'aï couinat de la veilho,
e bouén couar, moun ami, sus aquestou gazoun
ous inviti subran à coupar lou corchoun.

(Il met la table)

PEOUNARD

ui da! très volontiers jé souscris-t-à votre offré,
n appétit de chien se roulant dans mon coffré!

(Au public)

est toujours convenant et de civilité,
uant à quelqué repas vous êtes invité,
e faire promptement un petit peu toiletté

(Il lève son tablier)

rtout quand pour manger l'on sent uné poulette.

LAOURENT

no lèbre, Peounard, broungetz pas, cadenoun!
n leou l'anam aguer per emplir lou ventroun.

(Il lâche le coup et court dans les coulisses)

PEOUNARD, le suit en criant :

Bravo lé braconnier! c'est un chasseur célébro,
D'un coup de soun outil il a tué la lebro!

## SCÈNE III

JANAN, CAPOOU, POUSTURO, bohémiens

#### JANAN

La chanço es bouéno, anem! fraires assetem-si
Daou tems que lou cassaire aluko lou nli
Que soulet a tastat lou goust de la granailho,
Vesetz coumo a cercar sus la couélo trabailho?
Mai de lèbre n'a ges! es pas même marquat
L'endret ounte lou ploumb en siblant a piquat...
Es risible de veire aquel estripo mouélos,
Per aguer soun gibier rodélo sus leis couélos,
L'amoulaire l'aribo, anfin, e lou lourdaou
En guiso de furet descende dins lou traou!

#### POUSTURO

Tapem-si ben toueis trés que leis pitoués tout aro
A cooups de massacans nous dounessoun pas barro!

#### CAPOOU

Aguem pas paou deis bras d'aqueleis maladrechs.
Coumo dous gros dindouns viroun sus leis endrechs!
Amis, à l'unissoun, escoubem sa fricasso
E celebrem aoussi lou bouénhur de la casso!

(Ils mangent).

Seriet bessai lou tems que venguesse lou tour
De faire à soun vin blanc nouéstro pichoto cour.

(Il verse à boire)

Hounour aou vin muscat de moussu lou cassaire!

POUSTURO

E pueis à la santa de messiro amoulaire!
Ensin qu'à soun poulet, salado e saoucissot,
A l'houro ounte n'en siam couneissi plus qu'acot.

(Ils chantent ensemble)

Tapas d'aquelo mecaniquo
Sus la fresquiéro daou gazoun,
A l'escoundoun coupam la chiquo
Eis cassairots que soun aou foun.
Quan revendran per pendre plaço,
En presenço de seis poulets
Li veiretz faire la grimaço        ⎰
Trobant leis ouès touteis soulets  ⎱ (bis).

JANAN, volant l'argent du remouleur, dit :

Que briquet d'amoulaire! aqueou n'a de rouilhidos!
E cregnetz pas boutatz que siégoun deis marridos,
Quan li dounoun d'escus leis vesito trooup ben.

(A ses collègues)

Espoussatz ben lou saq que li reste plus ren!

. . . . . . . . . . . . . . . . . . . . . . .

Tenem-si les, amis, car veici lou cassaire,
E per nous esquivar passem pas de soun caire,
Lou maran lou boustiquo e li mounto aou cerveou
De veire que la lèbre es qu'un pichot oousseou.

(Ils se cachent derrière le remouleur).

## SCENE IV

Les mêmes, LAOURENT ET PEOUNARD

LAOURENT

O fusieou deis fusieous! aquelo es mai que fouarto!
La besti toumbo.:ou soou, pueis quan la cueilhi mouarto
Aou lugue d'un lebraou de graisso ben caffid
Trobi sus lou lué même aqueou marrid fifi...

PEOUNARD

A coup sûr jé croyais qu'avequé ce remédé
Disparaissait du monde un petit quadrupédé!...

(Les bohémiens sortent et emportent l'atelier du remouleur)

## SCÈNE V

LAOURENT ET PEOUNARD

LAOURENT

Moun chier! la cresieou mouarto, e quan la pento a prés
Ma linguo dins la bouco a fach que dire : l'es!
E m'a semblat la veire, en lachant la detento,
Rodelar, ventre en ler sus la coulino en pento...

(Il chante)

Mai, bagasso!
Sus la plaço
Li trobi qu'un pimparin
Ben mistourin,
A la caro
Gairo claro.
Suito deis cooups de queirouns

Que l'a ... ndat leis pichouns,
Aquei e cassairots,
Especis de sakos,
Sots!
Mai malhur se ven mai
Li lachi tout ce qu'ai
Aou fusicou dins uno narro!
Massacans, coudoulets
Vouéli derabar deis coulets,
E bagasso!
N'en soubro pas un mouceou
Sus lou carreou!
Chier Peounard, cresetz-mi, va juii sus l'hounour
Dins moun fusicou l'a la grandour!
La deri deri toun ti toun teno,
La deri deri toun ti toun toun,
La deri deri toun ti toun teno,
La deri deri toun ti toun toun!

*(Ils dansent l'un devant l'autre)*

Aro retardam plus la bourrado daou gus!
Sabi que per ma part l'ai curat coumo un bruse.

*(Il va s'asseoir)*

PEOUNARD

Gus que gus c'est-z-égal, les raisons jé les passé
Quand il s'agit pour moi de garnir la pailhassé!

*(Il s'assiet à côté du chasseur)*

LAOURENT, ne trouvant plus rien

A tant d'aoutreis malhurs, faou qu'encar leis fourniguos
M'agoun mangeat lou vieoure e leissat que leis briguos!
L'ami Peounard, que faire aro que siam aou soou?
A defaout de chicailho adounc buvem un cooup,
Aparatz vouéstre veire!... Oh! fatalo fortuno!

*(Ne trouvant plus rien)*

Lou vin de la boutilho a desertat tout d'uno!
Pouedi plus à meis ueils mi li fisar bessai?...
Diguatz-mi, coumpagnoun, que li viatz un paouc mai,
Se quaouquaren d'humide, alukas dins lou veire?
Per ieou v'uei tout mi troumpo e pouédi plus ren creire!

PEOUNARD, tournant et retournant la bouteille

Jé né puis à mes yeux me fier plus que vous,
Né trouvant rien dedans, ni dessus, ni dessous.

(Ne voyant plus son remouloir, il crie :)

Mon z'appareil z'aussi c'est z'enfuit z'en carossé!
Ma meulé, ó désespoir! mes écus! ma picossé!
Sans gagné pain quoi faire et de tout bien privé!...
Quelqu'un me l'aura pris-t-et sé sera sauvé!

LAOURENT

Bouleguetz pas, Peounard, à d'haout sus uno branco
Vesi qu'en ramageant un oousseloun si tanquo,
Adounc gueiro aou pus leou, pouargetz-mi lou fusieou.

PEOUNARD, avec colère

Allez donc vous coucher! vaou cercer ce qu'es mieou!

(Il sort pendant que le chasseur tire sur un pinson et ramasse un lièvre)


# SCÉNE VI

LAOURENT, seul

Aquelo empeguo aou nas! sabi plus se pantailhi!
Tiri sus un quinsoun, uno lèbre rabailhi!
Tandis qu'adés la lèbre es estado un fifi...
Que diantre mi fach faire aqueleis cooups d'aqui?

## SCÈNE VII

LAOURENT, FAVOUEILHO, NOURADO,
NORINO E BABEOU

### FAVOUEILHO

N'en series pas surpres, se sabiés, bouën cassaire,
Que lou ciel si durbent, lou fieou de Dieou lou paire
Es vengud sus la terro, e qu'es nascud souffrant
Dins un estable frech que ren fermo davant...

### LAOURENT

Que mi diatz! que mi diatz, grisounet radotaire!
Creselz que sabi pas que siatz un vieilh bavaire!
An ben resoun de dire e de nous affortir
Que la maire daou tems vouliet jamai mourir!

(Montrant les bergers qui passent)

Es per acot bessai que touto esto sequèlo
Carguado de présents, vent de mettre à la vélo!
S'avetz proun de toupet, diguatz-mi qu'es verai,
E veiretz, cadenoun! ce que vous respouéndrai!...
Veguem, despachatz-vous, lou grand paire Favoueilho,
E pueis, s'avetz de front, mi cercaretz garoueilho!

### FAVOUEILHO

Pitoué jouyous e gay, camino e vai ben plan,
Coumo l'aiguo daou rieou teis beous jours filaran,
Tout neisse, tout flouris, tout passo en estou mounde;
Leis peiros, leis metaous, tout à la fin si founde;
Sies jouve e sabes pas que l'oumbro daou trepas

Sus leis panturlariés si li pouarto à grand pas!
Ti semblo, paoure enfant! quan as dins la maretto (*)
Aou caíre d'uno passo uno maigro lebretto,
Que l'houro que ti réglo aou grand cadran divin
Per tu, soulet aou mounde, aura jamai de fin;
Ti semblo que toun estre, aro grand e soulide,
E de si rembourar de bouéns mouceous avide,
Exempt, tant que voudras, de toute infirmita,
Si clinara jamai davant l'éternita...
As resoun de mi dire un grisoun radotaire,
Adret que per leis ans eisa serieou toun paire,
De faire l'incredule e rire quan ti dieou
Que dins un vieilh estable es nat l'enfant de Dieou.
As resoun, riguetz-n'en, à d'aoutreis infamios
Accablo de mespres leis santeis prouphetios!
Lou siècle de negrour que s'escouélo aoujourd'hui
Ti fermo encar daou ciel la pepido de l'ueil!

(Feignant de lire sur une morue)

Reluko, trobaras sus nouéstreis sacras libres,
Qu'un Messio vendra rendre leis homes libres,
Dounara biai tout aoutre à nouétreis sottos leis
E nous dira qu'aou ciel régno lou Rei deis Reis!
Aro repeto-mi, que sieou vieilh! que radoti!
Que sus leis prejugeas meis errours empeloti,
Va creirai, mai Laourent, que mi siegue permes
De te dire qu'avem lou Messio proumes.
Ensin meste leis juechs e la casso de caire,

---

(*) En français : la besace.

Courrem à Bethelem, ounte es nascud, pecaire !
Aqui lou veirem bas, mai plen de majesta
Dounar l'exemple eis gens d'aimar la paoureta !...

LAOURENT

Favoueilho, gramaci de la douço doutrino
Que venetz de passar sus moun amo rabino :
Ignourent jusqu'à v'uei tout beou jus se sabieou
Que dins lou ciel regnavo un quaouqu'un nouma : DIEOU.
Mai, se coumo mi diatz, de par la prouphetio,
Bethelem dins l'estable adoro lou Messio,
Poudetz comptar sus ieou per li pouartar tout caou
Lou fifi de ma casso eme aquestou lebraou !

NOURADO

Viatz qu'en vous resounant fenissetz per v'entendre !

## SCÈNE VIII

Les mémes, NOURA, MIQUEOU E ROUMANIEOU

ROUMANIEOU, ramenant le remoulir

Pardiet ! lou fery dur aou fuech si rende tendre.

NOURADO

Es ensin que moun home a grands cooups de bastoun
Quan vouéli trooup parlar mi mette à la resoun.

(Elle chante)

Es que Favoueilho es pas toutjours ben tendre !
Es pueis rabin mai per gaire de tems,
Si noun daou liet per cooup lou vieou descendre

En si cenchant un mouchoir sus leis rens ;
Tout barbouilhad daou blanc de la farino
Souarte defouéro en mancho de camié,
Per mi l'adurre à la coquo à moun liet
Va prendre l'uou tout caou de la galino.

(A Favoueilho, qu'elle tient par le menton

Moun bouen grisoun, moun Favoueilho gastad,
De fino flour de farino pastad,
Dins aqueou couar que mi batte aou cousta
Vieouras, vieouras finqu'à l'éternita !

FAVOUEILHO, chante

Bouèno mouilhet, que ta vouax enrooumado
Mi fa pensar, pecaire, tristament
Aou tems hurous, ounte de la countrado
Fasiam la joyo e lou countentament ;
Aviam vingt ans alors, oh ! quinto cavo !
Sus lou printems à l'aise vougaviam,
E quan ensens lou matin cantaviam,
Dins lou moulin cadun nous segoundavo.
Pas mens Mouilhet, que fortuno d'amour !
D'estre souènads per la vouax daou signour.
Courrem, courrem, Nourado aquestou jour
Es per baisar la man daou creatour !

ROUMANIEOU

Vers cissi, meis amis, s'avanço un persounagi
Qu'a l'er d'estre un enfant daou pays daou froumagi.

FAVOUEILHO

Pecaire, pareis pas per acot trooup countent,
Diriatz qu'a de soucis, dessuito en lou vesent.

## SCÈNE IX

### Les mêmes, PEOUNARD

PEOUNARD, voyant son remouloir

Aprés avoir cercé sur les monts, dans les plainés,
Jé revois mes outils auprés de ces grands chénés
Oû tout aré en tremblant jé les croyais perdus!...
Voyons si dans lé sac sont encor mes écus?...

ROUMANIEOU

Couleguo touquetz pas ce que noun vous regardo,
Aoutrament davant ieou vous anatz mettre en gardo!

PEOUNARD, à Favoueilho qui le menace aussi

Pas si vité, cadet... si z'ouvré lé caisson,
C'est pour savoir z'au sûr si mes écus-t-y sont!
Du resté le chasseur peut bien me reconnaitré
Comme dé l'instrument jé suis souverain maitré.

LAOURENT

Quan ai tua lou fifi, l'ooutis aqui plaçad
Tapavo lou fricot qu'à terro aviam leissat,
E pouédi counfirmar, senso cregni d'oouvari,
Que lou brave Peounard n'en es proupriétari.

PEOUNARD, ne trouvant plus rien

Adieu, mon bel argent! l'a plus ren dins lou sac!
Qui sait, ounte Saint Diet, lé trésor a passat!

MIQUEOU

Anfin, aro li sieou, pareis que la machino
Vous es estado presso eissi sus la coulino

4

Per dous vo tres booumians especis de larrouns
Que l'an abandounado en nous mouèstrant leis pounds.

LAOURENT

Aro tout s'esclarcisse e vieou qu'aquelo cliquo
De nouèstre dejunar nous a coupat la chiquo,
Pas mens, l'ami Peounard, faou que s'en counsoulem,
S'eme aqueleis vesins anam à Bethelem
Oouffrir nouèstreis respects à l'enfant de Mario;
Aou signour coumandant la celesto patrio.

PEOUNARD

Par Saint-Jean de la meulé à vous puis assurer
Que jé suis beaucoup las pour l'aller admirer!

FAVOUEILHO

Veiretz qu'en fent esfort pouartarez la carcasso!

ROUMANIEOU

Que paoue pas la pouartar pus souvent la tirasso.

PEOUNARD, menaçant Roumanieou

Mais il ne faudrait pas, moun garçoun, avoir l'air
De vous ficher de moi, ça vous coûterait cer!...

NOURADO

Coumo maran jargouno aquel stranglo garris :
Menaço, renourié diriatz qu'a leis cissaris!

PEOUNARD

Pas plus âné qué vous! vieille, le remouleur
Es un homme d'esprit, de gaubé, de lueur,
Un gaillard qu'à l'argent à touté confiancé
E pour le ramasser fait assez pénitencé;

Or, si Jésus naissant veut mé fairé plaisir
Me rendra mes écus, c'est là tout mon désir!
Et puis, aux bohémiens, le jour d'uné tempété,
Leur mandera du ciel la foudré sur la tété!!

### NOURA

Anem, v'avem coumpres, v'aoutres blagatz toutjours,
Paraoulos longuos dien que rendoun leis jours courts,
Partem per Bethelem, la matinado es bello
E deja dins lou ciel pareis plus uno estelo...

*(Il chante)*

Quinto bouénhur, joyo e plesir,
Tresor deis bens qu'un Dieou nous douno!
Partem, partem, es lou desir
Q'aro revicoudo ma persouno!
Toucis en brassetto caminem
A l'unissoun, braveis counfraires,
Per veire Dieou dins Bethelem,
Quittem lou soou de nouéstreis paires.

### CHUR

Partem, quittem leis mounts,
Bor que lou ciel nous souéno,
Gabrieou sus leis mooutouns
Li fara gardo bouéno.

### AOUTRE CHUR

Faou partir, braveis bergiers,
Seguis de l'amoulaire.
Faou partir, braveis bergiers,
Favoueilho deis proumiers!

### ROUMANIÉOU, etc.

Maougra que la tanto Nourado
Mous fague un ueil pas doucineou,

Faou pas cregne sa bouscarado
Ni leis cris de soun vieilh rampeou ;
Siam toutis dins la joyo,
Amis, cantam, dansam !
Dounem-si de la voyo
En s'arapan la man.

CHUR

Faou partir, braveis bergiers, etc.

FIN DU DEUXIÈME ACTE

# ACTE TROISIÈME

## L'AUBERGE

———

La scène représente un champ, la mer est au fond à droite ; à gauche est une auberge sur l'enseigne de laquelle on lit : *pan, vin, fricot en os de Mestre Piarre, lojes leis azés e toutos merços d'animous ;* une table et deux tabourets sont à droite du spectateur. — Les tambourins jouent l'air des olivettes et font danser les bergers et les bergères.

## SCÈNE PREMIÈRE

### LAOURENT, ROUMANIEOU, NOURA, MIQUEOU
### FAVOUEILHO, NORINO E BABEOU

#### LAOURENT, chante

Eissi tout anounço
Un jour d'inoucento beouta.
L'avare renounço
A sa vieilho rapacita !
L'home coumo un fraire
Regardo soun prochi vesin,
Respecto soun paire
Perque soun Dieou v'eizigeo ensin !

—

#### CHUR

Vivo la musetto,
Leis saouts, la joyo, leis valouns !
E la cansounetto

Aou gay refrin deis oousselouns ;
Braveis bergiers, nouèstreis desirs
Soun la chicailho e leis plesirs !

Mestres de la terro
Seretz aoumens plus mussoungiers,
La sangianto guerro
Ravageara plus leis vergiers....
Dieou de la naturo
Que vouyages sus l'univers,
Fai que ta figuro
Caouffo plus d'amos de travers !

CHŒR

Vivo la musetto, etc.

Vivo la jassado !
Jésus, Mario eme Joouset,
Vivo la countrado
Ounte Gabrieou mette lou ped ;
Pueis la nuech benido,
Que de joyo nous tent en l'er,
E mette à la brido
Lou vieilh Plutoun e Lucifer !

CHŒR

Vivo la musetto, etc.

NOURA

Es que per un hasard, Peounard, nouèstre amoulaire
Aouriet dins quaouque boués mai perdut soun affaire

ROUMANIEOU

L'amoulaire, Noura, que voués que n'en faguem,
Leisso-lou trabailhar, pus luench lou trobarem ;
D'abor que daou trabail n'en a jamai de resto

E que de seis escus nous emplisse la testo,
A l'envers de Laourent que vaou toutjours *chuchar* (*),
Eou, sus sa peiro mouèlo, es delonguo à buchar,
E pueis soun jargounar, quan m'intro dins l'oourilho,
Mi regalo à paou près coumo un pey sus la grilho :
Sieou las de sa persouno e n'ai leis tres susours,
Anfin, s'es luench d'eissi, li reste per toutjours.

### FAVOUEILHO

Sabes, moun bouén nebou! que senso ti desplaire,
Coumo mestre Peounard nous fiches fouerso en caire ;
Isto-à-n'uno ou si noun, dintre moun testament
Aou retour li mettrai qu'héritaras de... ren !

### ROUMANIEOU, aux bergers

Maran siet de moun ouncle e de sa testo sotto
Se mi levo soun ben pourrem plus far ribotto.

(A Favoueilho)

L'ouncle, va fariatz pas, sabetz trooup que pertout
Sieou vouéstre servitour e très humble nebou.

### FAVOUEILHO

Vaqui ce qu'aimi veire e ce que mi countento,
Un nebou, seis respects humblament mi presento.

### SOURADO

Mai ce que mi chirouno es que l'a ren per ieou!
Que n'en dies, moun nebou, moun aima Roumanieou ?

### ROUMANIEOU, à part aux bergers

Faguem lou cooup de man, bor que n'en voou per ello,

---

(*) Boire.

E noun la vieilho tanto es gaire renarello !

(A Nourado)

Ma tanto, à vous toutjours ma cabesso e moun couar !
Faou ren que li pensar lou matin et lou souar !

NOURADO

Ile ben alors nebou, complo sus l'heiritagi,
Coumo va t'ai proumes, sara senso partagi.

LAOURENT

L'heiritagi, leis mots, l'or e leis coumpliments
Emplissoun pas la panço à touteis nouèstreis gens.
Fetz venir de fricot que garnissem lou ventre !
Que lou vi, daou goousier, descende vers lou centre,
Alors double canard ! parlaretz daou nebou
E de l'ouncle daou tems que va mangearem tout.
Mai coupatz court eis mots, quan ai la fam canino !
Car mangearicou Noura, Peounard e sa machino !

NOURA

Caspi !... souénem leou l'hosto e faguem de bousin !
Demandem-li de pan aou souèn daou tambourin ;
Que leis estros daou jas, leis vitros e leis pouartos
Descendoun à beis trouès coumo de fueilhos mouartos !
Que Favoueilho e Laourent coumençoun l'estampeou,
Compti sus Roumanieou, Norino eme Miqueou !

LAOURENT, chante accompagné d'un tambourin

Piarre de la grosso lanterno,
Que logeatz leis muous e leis ais,
Souartetz leou de vouèstro taverno
E pouartatz-nous vouèstreis varais !

CHŒUR

Aduatz de vin dins la boutilho
Eme de roustis sus la grilho,
Que lou fricot siet pas brula,
Tra la la la la la la la tra la.

De vouèstro marrido barraquo
Espinchatz lou mourre vinous,
Que semblo fouerso à la moucaquo
Que fasien veire sus lou cous.

CHŒUR

Aduatz de vin dins la boutilho, etc.

# SCÈNE II

## Les mêmes, Mestre PIARRE

Mestre PIARRE, tenant un plat, chante

Foustri, s'avetz point patiencé,
Fallait z'aller manzer plus loin !
Car pour cuiré avec conciencé
Faut virer la chose avec soin !

Les BERGERS, en chœur

Aduatz de vin dins la boutilho, etc.

PIARRE

Hé ! ben passez à la cuisiné,
Vous trouverez pour dézuné
Du pain à l'ail et la chopiné
Pour rafraichir lé bassinet !

CHŒUR (les bergers entrent à l'auberge)

Vivo lou vin de la boutilho !
L'hoste, lou pan eme la grilho
E lou fricot pas trooup brula
Tra la la la la la la la tra la.


# SCÈNE III


PIARRE E ROUMANIEOU, qui lui heurte le bras


PIARRE, en colère

Voyez ce qu'avetz fait detestablé nigaud !

ROUMANIEOU

N'en demandi pardoun à l'hounour du fricot,
Pas moins ze vais le prendre e manquo d'uno assietto
Lou mettrai tout bouilhant dedins vostro baretto.

PIARRE, le menaçant

Maraud! si ce n'était que ze souis trop z'humain,
Zé vous ferai savoir ce qué pèse ma main !
A moins d'estre un butor despourvu de cervellé,
L'on ne va pas pousser un bras de façon tellé,
Quand z'invitais çacun à passer dins lé jas,
Ne deviet point z'ainsi vous pouster sur mes pas !
Aro qui payera, dites, la gastaduré?
Compris : saucé, marlussé et tambien la blessuré
Que m'a faite en tombant lé plat sur l'agassin?
Et lé mal que j'ai dit, commençant par... couquin!

ROUMANIEOU, après avoir ramassé le fricot et l'avoir goûté

Doumage es pas mauvais, seulement la fumado
De soun gous aou rimad, l'aviet sa part toucado,
Aouriatz degut lou couire e tout mi dis qu'aou fuech
Va l'avetz mes tout jus perque fousse pas cuech.

(Il sort)


## SCÈNE IV

PIARRE, seul

Maladressé de gens! si l'on peut coumé ça
Me venir par derriéré et puis m'avoir poussa!...
Encor si lé cemin n'était pas assez largé,
Zé lui pardonnerai la perté de ma chargé;
Mais ce qui me désolé et me monte au plus haut,
Qui brulé mon bonnet du feu de mon cerveau,
C'est qu'encore il a front de me riré à la faché!
Comme si ce n'était qu'une petité paché!
Il ignoré beleou qu'en lard, ayets, ognons
Le plat s'élévé à plus de quinzé sous redons
Sans compter doueis liards d'herbe et ma cooussig? -
                                    [duro...


## SCÈNE V

PIARRE, BORGIN E GANGUI, pêcheurs

BORGIN, en s'asseyant

Mestre Piarre, de vin, daou bouén e la mesuro.

## PIARRE

Ché courri vous servir avant qu'il soit plus tard,
Sabi qu'un pescadou ne fait point de retard.

(Il sort)

# SCÈNE VI

### BORGIN E GANGUI

#### GANGUI

En esperant eissi lou vin de l'aoubergisto,
Couléguo, profitem d'aquelo flamo visto!
La matinado es bello, aoujourd'hui pescarem
De peys, aimi va creire, aoutant que n'en voudrem.

#### BORGIN

Ieou va cresi, tamben, se ren sus mar si gasto,
Estou sero quaouqu'un, n'en mettrem à la tasto,
Ges de nieous oumbrageous proumenoun per leis airs,
Ensin poudem coumptar qu'aourem ges de revers.

#### GANGUI

Ha! quan soungi la nuech que passeriam dissato!
La mar aviet poussat nouéstro embarcacien plato,
Sus uno roquo à pic, ounte l'oundo en furour
Mountavo e descendiet! samenavo l'hoourour!
La plugeo, leis uilhaous! la grèlo! lou tounerro
semblavoun ajustar lou ciel eme la terro!
Aou large gueiravian uno aoutro embarcacien
Demandar de secours eis gens que va pourien...

Mai cadun per sa peou sus la ribo tremblavo,
E per leis secourir pas un bateou l'anavo,
N'aoutres, sus la roucailho ounte aviam mes lou ped,
Preguaviam fervemment lou ciel eme respect,
Pensent d'aguer proun vist l'astre que dins l'air brilho;
Meis paoureis vieilhs parents e ma jouino familho,
Anfin tout l'element que riège leis veisseous
Nous anavo abimar dins seis secrets esteous!
Quan un angi daou ciel, aou souén d'uno troumpetto,
Eis nuagis subran, fet faire plaço netto,
Lou vent alors cesset, la mar si gounflet plus,
E la vouax prounoncet : Joouset, Maria, Jésus!

DORGIN

Ensin es arribat Jésus, fieou de Mario?


SCÈNE VII

Les mêmes, PIARRE

PIARRE, portant de quoi boire et manger

Pêcheurs, jé vous adus dé vin uné boutilho!
Quand vous l'aurez tasté l'y retournaretz mai,
En aqueou l'a point d'aiguo, es pur coumo noun sai,
Un pan pasté du zour aoussi zé vous apporté
E dé bien dezuner veuillez bien faire en sorté.

(Il sort).

## SCÈNE VIII

### GANGUI E BORGIN

#### GANGUI

Espaousso en paoue toun veire e taslem aqueou vin!

(Ils trinquent le verre)

A la tieouno santa, moun counfraire Borgin!

#### BORGIN

A la tieonno e grand ben ti fague moun coulêguo,
Aimi dins lou goousier lou sentir quan s'enrêguo.


## SCÈNE IX

### Les mêmes, CUCURNY E MIQUELOUN

#### MIQUELOUN, à Cucurny

Sabi pas se leis gens que soun aqui plantas
An un couar per nous faire un paoue de caritas,
An l'air de pescadous, vuidoun uno boutilho...

#### CUCURNY

Tant miés, se soun pas lieous d'uno richo familho,
Per douceis liards voudran pas nous far crachar lou feou.
Que li fague grand ben se mangeoun un mouceou.

(Il chante)

Gens d'esteis luechs, countemplatz la destresso
D'un malhurous que demando soun pan;
Que lou besoun terriblament lou presso

De mandiar, per se levar la fam!
Aguetz pieta de sa grando infourtuno,
De seis malhurs, v'aoutres que li viatz ben,
Preguara Dieou daou matin à la bruno
Que vous counserve e la visto e l'argent.
　Amis, soulageatz seis miseros,
　　Lou leissetz pas à l'abandoun,
Aquel avugle es un de vouèstreis frèros,
　　Assistatz-lou, n'en a besoun (bis).

GANGUI, à Cucurny

Paoure home aqui de que faire vouèstre vouyagi :
De pan, de saoucissot, de vin e de froumagi.
Siëguetz lou drech camin et marchatz lentament,
J'a pas ben luench d'eissi per estre à Bethelem.

CUCURNY

Merci, braveis patrouns e que Dieou va vous rende!

(Il sort).


# SCÈNE X

GANGUI, BORGIN E ROUMANIEOU

ROUMANIEOU, criant à la porte de l'auberge

Se Piarre s'en aviso à cooup segur lou pende!...

(Au public)

A mens d'estre un dindoun, un aze, un estourneou!
Si paou pas coumo acot tant fouar tirar sus eou :
Noura, lou couneissetz? Eh ben! Noura Calixto
'en de faire de frès aou tchin de l'aoubergisto,
Maougra que sageament li creidessi : — Noura!

Leisso l'istar lou couèl, se tires, petara,
Mai m'a pas vougut creire! aro a fach la begudo
E per va li cercir l'aguilho sera rudo...

BORGIN, à Roumanieou

Couleguo, de l'oustaou, seriatz–ti lou pitouè?
Vous paguariam lou vieoure e de vin nouèstre pouè?

ROUMANIEOU

Se sieou pitouè, pardiet, va juri sus ma testo!

GANGUI

Alors quan vous devem?

ROUMANIEOU

Lou vin, lou pan, lou resto.
Va boutarem ensemble à quinge soous redouns.

(Au public)

N'ai pas d'argent carras dins meis paoureis boussouns

BORGIN

Avetz ren à levar?

ROUMANIEOU

Boutatz sieou resounable.
Aouriatz paguat pus chièr uno plaço à l'estable.

GANGUI, le payant

Adoune, coumptatz l'argent, salut jouine varlet.

ROUMANIEOU, à part

Mi farieou ben ma part se m'istavoun soulet...

BORGIN et GANGUI, chantent en partant

BARCAROLE

Partem... la caretto
Que siègue l'aoubetto

Eis chevus doouras *(bis)*.
Sus la mar bluretto,
Caouffo la barquetto
De seis fuechs sacras *(bis)*.

Lou patroun sus i'oundo
Va faire uno roundo
Per prendre de peis *(bis)*.
Sa ligno fecoundo
A 'a mar prefoundo
Dounara de leis *(bis)*.

## SCÈNE XI

### ROUMANIEOU E PIARRE

#### PIARRE, furieux

ces deux pescadous qui chantions à merveilhé
ont-ils partis d'ici sans payer la bouteilhé?

#### ROUMANIEOU

ue vous dites? que sont *so—cisson* en allés?
ui mais l'argent ont mis souto leis goubelets,
e vous esfrayez pas, c'est quinze sous tout zusto.

#### PIARRE, comptant avec les doigts

es méchants, de dous liards m'an fait la falibusto!
'est-z-égal n'en a proun si n'en puis avoir mai,
ais d'un pareil rabais longtems m'en souvendrai!

#### ROUMANIEOU

é bien! comptez, alors, se vouletz pas mi creire,
s clar coumo lou jour, foume devetz va veire :
vien de pan, de vin eme de saoucissot...

5

### PIARRE

Desoulacien d'enfer! mi parlez plus d'acot!
Zé né plus nourrir cé mondé... oh! la canailhé
Qui voudrait me ruiner, me bouter sur la pailhé.

### ROUMANIEOU

La pailho? anem, veguem, bessai l'adourariatz
Se vous dounavo d'or, e puis la mangeariatz...

## SCÈNE XII

### Les mêmes, PEOUNARD

#### PEOUNARD, entre en chantant

Faut partir fait bon soleil
  Pour gagner des dardènes,
Faut partir fait bon soleil,
  Vivé mon z'apareil!

*Il pose sa machine et court vers Piarre, puis l'embrasse en lui disant :*

Ha! Piarre, moun pays! ti voilà, par Ignacé
Jé ne te croyais point pousté sur cette placé?

### PIARRE

Ha Peounard! que ti méne eissi loin du pays
Voir, après si longtems, un dé les vieux amis?

*(Ils s'embrassent de nouveau)*

Cristiet pour t'embrasser jé damnerai mon amé!
Sentant-z'encore en moi bouléguer quelque flammé;
Tellement jé suis pris du goût de t'embrasser
Que jé crains, en serrant, de pouvoir t'étouffer!
Que jé pensé souvent, sur cette vasté plagé

Aux enfants adourés de nouèstre chier villagé ;
Aux dansés de l'été, sur l'humide gazon,
Aux jeunés, commé aux vieux dansant le rigaudon,
A tous les troulourous, aux flûlés, aux fanfarés,
Aux chants à s'estrangler, et puis... aux coups de narrés!
Aux fillés qui mandaient du plus haout des oustaous
Des coudons sur lé nez qui nous rendaient malaous ;
Et nous qui, de bonheur, leur lancions sur la testé
De cagatroués de choux que d'un n'avien de resté!
Ha! c'était ravissant!... cadun ensanglanté,
A son lit par les siens le soir était porté...
Et puis s'il en mourait on priait pour son âmé!
Mais Peounard, tu n'as point z'encore vu ma femmé ?

PEOUNARD

Par saint Jean, Piarre, noun !

PIARRE, avec empressement

Hé! bien, vais la souner.
Elle est encore à dins servant lé dézuner.

(Il agite un grelot de la plus grosse forme)

SCÈNE XIII

Les mêmes, PIARRETTA

PIARRETTA

Petit couar, que ti faut, diguo vaou ti l'adurre :
De pan, de vin, de saou, de fricot vo de burre ?

#### PIARRE

Es question de rien aoutre ici que d'un ami
De Peounard, l'amoulaire et tel qué lé vaqui!

#### PIARRETTA

Peounard le remoulaire, enfant du Puy—de—Domé?
Il me semble avoir vu quelque part cé bravé homé,
Ne serait-ce pas vous qu'un jour en remoulant
Garderiatz mes outils perqu'avieou pas l'argent?

#### PEOUNARD

D'acot j'en dirai rien, sabi que ça m'arrivé
Casi toutes les fois qu'empassi la salivé,
Mais nous sommes pays, le principal est là!
Embrassons-nous toujours...

(Il l'embrasse)

#### PIARRE

Serretz pas fouerso... holà!

#### ROUMANIEOU, au public

Mai couro finiran leis pays, leis paysos
De s'esquichar lou couèle en coumptant seis bestisos!
De ma vido ai soungeat de veire ce que vieou :
De resouns de travers, ges de mouart, pas un vieou!
Pareis qu'à soun pays la fino poulitesso
Es de prendre un bastoun... e zou sus la cabesso!

#### PEOUNARD

Je t'en fais compliment, Piarre as une beauté
Qui vaut presque l'argent que mettes de côté :
Es galante, a bon air, pareis pas renarelle,
Anfin de ta personne es la digne femelle!

PIARRE

He bien, rien que pour ça, Peounard, finqu'amoun d'haou
Vouéli de meis ragous, ti remplir lou fanaou.

PIARRETTA

M'en vais lé préparer vité dans la cuisiné
Et bouter sus lé feu la plus grossé toupiné,
Mon pays, suivez-moi, car ce met succulent
Jé vais vous lé servir sur la table bouillant.

(Elle sort.)


# SCÈNE XIV

ROUMANIEOU, PIARRE E PEOUNARD

PEOUNARD, se retournant

Et pour moi ce repas tu serviras à gratis?

ROUMANIEOU, à part

Risquo ren, sa gargotto es pleno de racatis.

PIARRE

Tout à gratis, Peounard, quand j'invité un ami,
Surtout z'un companion ce n'est pas t'a demi.

ROUMANIEOU

De pus fouar en pus fouar! Vaqui que ven de faire
Soun coulégo Peounard, coumpagnoun amoulaire,
Un coumpagnoun-pays, à la testo graissoué,
Qu'es adrech de seis mans coumo un pouarc de sa coué.

(Il sort)

## SCÈNE XV

ROUMANIEOU, FAVOUEILHO, NOURADO, PIARRE
LAOURENT, NORINO E BABEOU

LAOURENT, chante

Tres vieilhs en bordado
An pecaire plus ges de sens,
Sa bouco es gardado
(Ce dernier vers avec Roumanieou)
Que per douès dents ;

La femelo es borni
D'un cooup de pound qu'a rescassat
E soun vieil canconi
(Avec Roumanieou)
Es tout troussad !

Vesem l'aoubergisto,
Que per pitar seis picailhouns,
Leis ségue à la pisto
(Avec Roumanieou)
Sus leis talouns !

PIARRE, à Favoueilho

Vous voyez que chez moi vous êtes servi flamé !
Du reste les ragous étions faits par ma femmé.

FAVOUEILHO

Alors, diguatz–mi jus à quan pouèdoun mountar
Leis frès daou gulétoun que venetz nous vantar !

NOURADO

Dins lou cantar deis frès sachetz *baissar la noto !*

PIARRE

He bien! je compterai les frais de la riboto
A treize francs cinq sous...

FAVOUEILHO

Ce que fa per cadun
Prochi de trento soous.

ROUMANIEOU

Aviet lou gous aou fun.

PIARRE

Pas du tout mon garçon, jé soutiens lé contraire ;
C'est un petit repas à faire envie au Maire!
L'aviet des espinards, une ome ette d'ufs,
De fayoous qu'au manger ètions encore nufs ;
Un bouilhoun de cooulet, de riz à la cougourde,
Du bouilli provenant d'une chevrette sourde,
Couinés rapidement per dous fais de gaveous,
Ensin vous plagnetz pas, n'aouriatz pas nas, meis beous !

ROUMANIEOU

Se de nas n'avem ges à vous vesem de giflos
E de dets à proufils pounchuds coumo de griffos!

FAVOUEILHO

Anfin, es coumo acot, per estre à la resoun
L'anam levar cinq soous e lou paguam redoun.

LAOURENT, chante

Valiet pas un soou,
L'y dounatz trooup,
Brave grand pèro.

Uno cavo ensin
  Dins un coufíin,
    Si douno aou tchin,
Senti qu'à moun front
  D'aquel affront
    N'ai la coulèro!
Séro que per icou,
  Dins un barquieou
    Lou negarieou.
Mai, bor que va faou,
  Paguatz-li paou
    Sa ratatouilho,
Que leissem aqui
  Aqueou bouffid
    D'aglands caflid!
Ha! tant que vieourai
  Mi souvendrai
    De soun andouilho,
E de soun capoun
  Mes en carboun
    Dins un pouéloun ;
Car mettre un jacot
  Dins un fricot
    A la citrouilho,
Mi fa jus l'effet
  D'un api fé
    Dins lou café!

Anem que siet fenid, Piarre, vaqui la soumo !

PIARRE

Mi retenez cinq sous! mon Dieu, cela m'assoumo
Les gazans son petits et pour pesquer l'argent
Mi faut la cané longué encor sieou court d'aran.

ROUMANIEOU

Si couneis qu'es vesin d'un ribagi de pesco,
Aro cito l'aran, tout aro sera l'esco.

LAOURENT

Aqueou plouro misero en acampant d'escus.

NORINO

Sabes que leis gavouès soun jamai ben coussus :
Pouartoun de gros souliers, an leis brayos groussièros,
Mai pueis en peços d'or soun pas pitas deis nièros.

BABEOU, montrant Piarretta sur la porte

Té, regardo sa frèmo? oh! signour tout-puissant
Eme sa raoubo verdo, un jamboun à la man,
Coumo vouliés que fesse uno bouèno chicailho?
Maran siet que toueis dous lou matin leis embrailho!


SCÈNE XVI

Les mêmes, PIARRETTA, MIQUEOU E NOURA

PIARRETTA, à Piarre

Peounard, le remouleur, veut z'encoré manger,
Plein comme un saucisson il ne peut plus bouger;
Il ouvre les tiroirs, veut enfoncer l'armoiré,
Enfin il crevera s'il ne veut pas me croiré?

ROUMANIEOU, aux bergers

Benissiet l'amoulaire e soun apetit d'or
Cresi que per la briffo a lou ventre à ressort.

## SCENE XVII

### Les mêmes, PEOUNARD

#### PEOUNARD, à PIARRE

Piarre, dis-moi mon bon, est-ce que tu plaisantés
Au mitan de la soupe ai trouvé deux tarentés!
La première n'est rien puisque je l'ai mangé,

(Montrant une énorme tarentule)

Mais celle que voilà ne l'ai point assagé!

#### PIARRE

Cela n'est rien, mon cher, il fait la soupé grassé,
Et dintré lé fanal y trouvé toujours placé ; .
Que ce soit des lezards, des serpens, des scorpions,
Des crapauds et des rats, des chats, des limaçons,
Empassé les Peounard! quan l'on est à l'oubragé,
On né regardé pas ce qu'on met au gavagé ;
L'or que l'on amoulonne on le met de côté
E le long du chemin on vit de charité...

#### PEOUNARD

Moun grand Piarre, cres-toi que sies une persouné
A mi rendre l'espoir quan fuge et m'abandouné,
Je gardi la tarente et promets qu'au besoin
J'en garnirai mon ventre avec beaucoup de soin.

#### ROUMANIEOU, avec effroi

Ensin mestre *Canard*, rejougne aquelo besti?

#### LAOURENT

Acot soun d'animaous que per mangear detesti!

PIARRE et PEOUNARD, chantent deux vers chacun

Si t'avais encor dans ta boursé
Tes belles pièces en arzent,
— J'aurais cela pour ma ressourcé
Piarre, mon chier, ça se comprend.
— Tu logerais alors ta créaturé
Sous lé couvert d'une barraque en bois
— Et je pourrais mettre à la devanturé :
Lé remouleur des princés et des rois (*bis* ensemble).

PEOUNARD

Paysés (*bis*)
Allons, allons, allons.

PIARRE

Paysés (*bis*)
Les noirs chagrins, fuyons, fuyons.

| PEOUNARD | PIARRE |
|---|---|
| Je garderai cette tarenté | Conservé toujours la tarenté |
| En souvenir de mes amis, | En souvenir de tes amis, |
| De ta Piarretta si charmanté | De ma Piaretta si charmante |
| E de Piarre moun bon pays. | Et de Piarre toun bon pays. |

PIARRE et PEOUNARD, chantent encore en dialogue de deux vers chacun

Peounard il faut te refairé,
Manger ce qué tu trouveras.
— Ha! Piarre tu parles en fréré,
Ché ferai ce que tu diras.
— Hé! bien, alors logé ta créaturé
Encore un temps sous la feuillé des bois,
— Puis ché mettrai sur ma logé futuré
Lé remouleur des princés et des rois (*bis* ensemble).

| PEOUNARD | PIARRE |
|---|---|
| Paysés (*bis*), etc. | Paysés (*bis*). |

FAVOUEILHO

Enfants, leissatz istar la fortuno e l'argent,
Acot douno l'orgueil senso countentament,

Vaou mies passar la vido en hoounesto persouno,
Jouir deis dous benfachs que Dieou daou ciel nous douno.
La vido, va sabetz, passo coumo l'uilhaou,
Taou si pouarto ben v'uei que deman es malaou,
Leis tresors deis humans soun ni l'or ni la scienço
Mai la santa daou corps eme de la counscienço.

MIQUEOU

Brave péro Favoueilho! oc quan parlatz ensin,
De joyo crebarieou la peou daou tambourin!

FAVOUEILHO

Adounc, tenem-si lest, partem per Bethelio
Piarretta e Piarre anem, adourar lou Messio!

PIARRE

Pour aro pouèdi pas, mais à ce Dieu si bon
Peounard lui remettra de ma part ce jambon.

(Il donne le jambon à Peounard.)

PIARRETTA

Et pour ma quote part vous pouvez lui soumettre
Le bonjour le plus gros que l'on puisse remettre.

PEOUNARD

Ça lui sera donné par le pays Peounard
Demain de grand matin et sans aucun retard.

LAOURENT

Bor qu'en aquesteis luechs n'avem plus ren à faire,
En avant leis amis, tout lou mounde à l'araire.

CHUR

Partem bergiers,
Siéguem pas leis radiers
Quan tout trimo vers Bethelic,

Ajustem de laousiers
Eis presents deis carniers,
Car un divin Messio
A traversat leis airs
Per saouvar l'univers
En venent enreguar lou camin deis revers (*bis*).

### SOLO

Sus estou poulidet ribagi
Ounte l'oousseou canto toutjours,
Celebrem leis gracious countours
E lou parlar daou vert fueilhagi !

### CHUR

Partem bergiers, etc.

FIN DU TROISIÈME ACTE

# ACTE QUATRIÈME

## LE PALAIS D'HÉRODE

La scène représente le palais d'Hérode, un piquet de soldats est rangé en bataille en face du trône qui est à gauche.

## SCÈNE PREMIÈRE

### TITUS, CARRUS

#### TITUS, aux soldats

Je suis content de vous invincibles soldats,
Héros dont la victoire égale les combats !
Vos rangs toujours fermés ainsi qu'une muraille
Se sont couverts de gloire au jour de la bataille ;
Vainement l'ennemi, s'élançant furieux,
Cherchait à faire brèche à vos corps glorieux.
Pauvres gens ignorants de la famille humaine,
Ils ne connaissaient pas la puissance romaine,
Ils ne pouvaient savoir qu'un peuple révolté
Devant nous devait perdre honneur et liberté !

## SCÈNE II

### Les mêmes, NIZAEL

NIZAEL, à Titus

Dites-moi, proconsul, si cette nuit passée
L'homme de faction sur la tour avancée
N'aurait rien aperçu du bouleversement
Qu'on dit s'être opéré sur l'arc du firmament.

TITUS

Par César, non, Seigneur, mes hommes en silence
Ont fermé du palais la porte avec prudence,
Les patrouilles ont fait le service sans bruit
Et la paix a régné durant toute la nuit.

NIZAEL

Alors, quel spectre affreux, quelle lueur fatale
A semé la terreur dans notre capitale ?
Le peuple se rassemble aux portes du palais
Irascible, insolent, plus bouillant que jamais,
Voulant que notre chef lui dise si lui-même
N'a point, contre son Dieu, jeté quelque blasphème.

TITUS

Le peuple est ignorant, vous le savez, Seigneur,
La superstition le pousse à la fureur ;
Pour un mot, un seul mot que lui dira l'oracle
Il attend anxieux les effets d'un miracle ;
Semblable au papillon qui s'en va voltigeant
Sur l'aile de la brise, on le voit confiant :

Peut-être aura-t-il vu quelque brillante étoile
Et veut que du mystère on déchire le voile.

NIZAEL

Cependant il serait, ce me semble, à propos
Vous qui, la nuit dernière, avait été dispos,
D'en rendre compte au roi, votre devoir exige
Que vous lui détailliez cet étonnant prodige.

TITUS

Au roi, que lui dirais-je ? entre nous, Nizaël,
Les mille absurdités naturelles du ciel ;
Des fantômes ailés, voltigeant dans l'espace
Et qui disparaissaient dès qu'ils m'étaient en face ;
Des étoiles filant et brûlant dans les airs ;
· Des voix qui, s'élevant des bouts de l'univers,
Semblaient promettre à tous des larmes moins amères....
Toutes ces visions sont par trop mensongères
Pour un vieux proconsul défenseur des Césars
Dont le corps endurci bat et rompt les remparts.

NIZAEL

Il est pourtant bien vrai que ces bruits redoutables
Ne sont pas de chacun, réputés comme fables ;
Si le peuple réclame, il peut avoir raison.
Il faut en référer ...

(Un son de trompette se fait entendre)

TITUS, à Carrus

Le roi, centurion.

(aux soldats)

Soldat, préparez-vous, Hérode, notre maître,

Notre valheureux chef à l'instant va paraître,
Faites que votre pose inspire à sa Grandeur
Le sentiment profond qui bat dans votre cœur.

CARRUS

Soldat, portez la pique et relevez la tête !
Qu'à recevoir son roi chacun de vous s'apprête !

SCÈNE III

Les mêmes, HÉRODE

HÉRODE

Approchez, Nizaël, et toi brave Titus !
Venez à moi, héros modèles de vertus !
Vous qui jusqu'à ce jour plus prompts que le tonnerre
Aux peuples insoumis avez porté la guerre ;
Vous qui, dans le succès parcourant monts et mers,
Fîtes à tous les rois éprouver des revers ;
Qui, combattant toujours pour la gloire de Rome,
Ne laissâtes sur pied pas l'ombre d'un seul homme ;
Qui, retournant vainqueurs sur les chars triomphaux,
Foulâtes les vaincus sous les pieds des chevaux,
Sur les pavés boueux de la voie appienne
Venez, mes chers amis, m'arracher de la peine
Où vient de me plonger un rêve, un long tourment.
Je vais perdre mon trône ! ô supplice ! !...

NIZAEL
          Comment ?

6

Oh ! repoussez, Seigneur, une pensée injuste,
Le ciel vous le donna par l'organe d'Auguste,
Et le peuple fidéle au plus sage des rois
Respectera toujours ses ordres et ses lois.

HÉRODE

Peut-être dis-tu vrai, mais si par Dieu guidée
Ma main, trente-sept ans, gouverna la Judée,
Penses-tu qu'un pouvoir à César emprunté
Ne pourrait m'échapper lorsqu'il n'est que prêté ?
Ne dépendrait-il pas de sa volonté même
Pour m'arracher soudain armée et diadème ;
Enlever avec vous mes braves confidents,
Ce que j'ai de plus cher, mon bonheur, mes enfants,
Et jeter dans l'exil, au midi de mon âge,
Moi grand comme le fut Marius à Carthage.

TITUS

Marius étaitgrand, le fait est vrai, Seigneur ;
Il portait avec lui la gloire et la valeur !
Mais n'oubliez jamais que ses rudes souffrances
Dépendirent alors beaucoup des circonstances,
Tandis que dans les jours d'un beau siècle de paix
L'empereur vous légua le pouvoir pour jamais.

HÉRODE

Ah ! que le ciel t'écoute et te fasse la grâce
De ne point me mentir quand j'attends ma disgrâce ;
Ce rêve me confond, me jette au désespoir.
Car souvent du destin c'est le parfait miroir :
L'homme vole au combat, se repait de carnage,

Reprend encor la mer quand il a fait naufrage ;
Croule dans un abime et se sauve soudain
Dès qu'il s'en sent la force et poursuit son chemin !
Mais aller contre Dieu, contre un songe effroyable
Qui, me montrant un roi naissant dans une étable,
Le cachait sous la paille avec l'intention
De l'élire bientôt chef de ma nation !
Encore, oh ! désespoir ! une sombre tempête
Amoncelée au ciel éclatait sur ma tête !
M'inondant dans des flots de larmes et de chairs,
Puis des cris implorant le secours des enfers !...
...A mon réveil, amis, j'ai promené ma vue
Dans l'alcôve profonde et de crêpes tendue
Sur laquelle j'ai vu les cadavres sanglants
De mes crimes futurs sur de jeunes enfants !

NIZAEL

Est-il possible, ô Dieu ! qu'une telle pensée
Ait nourri votre esprit durant la nuit passée ?
Ce rêve comme vous me glacerait d'effroi
Si je ne vous savais un grand homme, un grand roi !
Pourquoi, sur un tel pied prendre un simple prestige?
Une vaine vapeur qu'un vain songe dirige,
Et sur les fictions d'un sommeil agité
Prendre un rêve furtif pour la réalité ?
Non, non, croyez, Seigneur, que l'auguste personne
Qui vous ceignit au front la royale couronne,
Ne parait point portée à l'arracher soudain
Du sage qui gouverne Israël en Romain.

Puis ce roi nouveau-né pourrait-il bien, quand même
Tenir en main le sceptre, au front le diadème,
Quand vous, grand politique et héros à la fois,
Succomberiez devant l'inconstance des lois !
Oh ! non, ne craignez point un rêve, une imposture,
Machinés par l'enfer durant la nuit obscure,
Celui qui, dans son cœur, possède comme vous,
Les qualités d'un chef inexorable et doux.
Peut marcher dans la voie où l'appelle la gloire
Et vivre pour jamais au temple de mémoire.

### HÉRODE

Qu'il m'est doux, Nizaël et Titus, mes amis,
De répandre en vos cœurs mes peines, mes soucis ;
De jeter dans vos seins mes terribles alarmes
Et tarir un instant le torrent de mes larmes.

### TITUS

Pour des frivolités est-il besoin, Seigneur,
D'interrompre le cours d'un règne de bonheur,
N'êtes-vous pas toujours ce roi plein de sagesse
Aux pieds duquel Juda se prosterne sans cesse ?
Alors craindre en ce jour un cruel abandon.
C'est douter de César, de vous, de la raison !
D'ailleurs, ce nouveau-né, prétendant invisible,
Au droit qui, dans vos mains, est affable et terrible
N'est point assurément ce roi que vous pensez,
S'il faut aux fictions ne jamais dire : assez !...
J'ai contemplé les cieux pendant la nuit dernière
Et j'ai vu, comme tous, une belle chimère ;
J'ai vu que mes soldats d'admiration pris

Ont pu la saluer par de sublimes cris...
Mais quels rapports les cieux, dans leurs grands phé-
[nomènes,
Ont-ils avec les rois des nations humaines ;
Que les astres soient clairs ou plus ou moins obscurs
Pensez-vous qu'une armée arrive sous nos murs ?
Et quand cela serait ? croyez-vous que nos braves
Ne pourraient disperser un vil troupeau d'esclaves ;
Abattre d'un seul coup le chef des histrions
Qui viendrait des Romains braver les légions ?
Et puis, quel souverain aurait assez d'audace
Pour oser, à cette heure, assiéger cette place
Sans être convaincu qu'il serait écrasé,
Ses peuples asservis et son trône brisé.

### HÉRODE

Mais tu n'abordes point, proconsul estimable,
Le principal sujet du rêve qui m'accable ;
Les cieux ont-ils donné dans cet événement,
Un signe ayant rapport à mon gouvernement ?


## SCÈNE IV

### Les mêmes HYRCANIEL, grand-prêtre

#### HYRCANIEL

Honneur et dévoûment au roi de la Judée !
Par la main du Seigneur ma personne guidée

S'avance avec respect de votre majesté
Pour lui dire ses vœux, surtout sa volonté !

HÉRODE, assis

Parle, prêtre fidèle, au Dieu qui m'abandonne,
Ma volonté suprême à cette heure l'ordonne ;
Puisses-tu ramener un calme qui n'est plus
Dans un cœur assailli de désirs superflus.

HYRCANIEL

Hier, le jour avait, sous la voûte azurée,
Préparé la splendeur d'une belle soirée,
Le superbe univers, balançait radieux
Les riches diamants qui décorent les cieux,
L'homme, les animaux, les feuilles tremblottantes
Semblaient prêter l'oreille au bruit des eaux courantes;
La lune apparaissant aux crêtes du levant
Etalait à nos yeux son beau disque d'argent,
Sensiblement son char, sous la céleste voûte,
Plus brillant que jamais s'élevait dans sa route,
Semblant dire aux enfants du vieillard Israël
La ferme volonté du fils de l'Eternel ;
Bientôt après, au loin, contemplant un nuage,
Je crus voir un archange apporter un message ;
Mais un message heureux, message du Seigneur
Que le pauvre du monde invoque avec bonheur.
Et se couvrant alors des vapeurs de l'espace,
Le ciel sembla s'ouvrir en cette même place,
Pendant qu'un son de cors, de flûtes, de haut-bois
Et d'autres instruments résonnaient à la fois,

C'était un grand concert de voix harmonieuses,
Des anges qui chantaient sur des harpes joyeuses,
Lesquels, après avoir apparu dans les cieux
Sur les nuages d'or où vivent les heureux,
Annoncèrent qu'un Dieu, naissant dans une étable,
Serait le roi des Juifs et mourrait misérable...

HÉRODE, aux soldats

Soldats, retirez-vous ! les murs de ce palais
Réclament pour l'instant le silence et la paix ;
Si j'ai besoin de vous pour soutenir mon trône
Vous serez rappelés auprès de ma personne.

(Les gardes et Carrus sortent)

SCÈNE  V

HÉRODE, TITUS, NIZAEL, HYRCANIEL

HÉRODE, furieux

Un roi des Juifs, dis-tu ? prêtre peux-tu savoir
Jusqu'à quel point ce nom me met au désespoir !
Et sans te prosterner aux genoux de ton maitre
Un rival cette nuit as-tu dis, vient de naitre ;
Par quel choc penses-tu que mon sceptre brisé
Roulera sous les pieds de ce Dieu supposé !
Et ce roi prétendu viendra-t-il en Judée
Essayer dans mes reins son invisible épée ?
Lui qui ne pourrait point résister au coup d'œil
Des immenses trésors dont je fais mon orgueil !

Quelle transition as-tu voulu produire
Si ce n'est le dessein, ô prêtre de me nuire !
Hé ! bien, Hyrcaniel, avant qu'un nouveau jour
De l'astre qui s'éteint ne marque le retour ;
Dès que tu franchiras les murs de cette salle
Et reverras les tours ceignant ma capitale,
Tu pourras accourir à ton Dieu pour jamais
Car tu n'atteindras plus les murs de ce palais !

HYRCANIEL

Les murs de ce palais ! Hérode, eh ! que m'importe
Qu'ils s'ouvrent devant moi, que j'y rentre ou j'en sorte !
Est-ce bien la splendeur d'un superbe local
Qui donne le bonheur à votre être royal ?
Sans la foi, vos trésors, chimériques substances ,
Ne sauraient vous guérir un instant vos souffrances ;
La grandeur ne s'acquiert qu'au prix de la piété
Et le pouvoir n'est pas à ce monde emprunté,
Pensez-y bien, Seigneur, Jésus-Christ, notre maître,
Le rédempteur promis en ce jour vient de naître ;
Vous ne pouvez nier ce que le ciel vous dit.
Et ce que le prophète a dès longtemps prédit,
Or, quand du ciel on voit descendre le message
Invitant les humains à visiter ce sage
Que tout le monde y court plus prompt que les éclairs
Vous seul insisteriez ! seul dans tout l'univers !
Ah ! Seigneur, de vos yeux, secouez la poussière,
Allez faire à Jésus, vous-même une prière ;
Partez, courez, Hérode, allez en ces instants

Brûler, au roi des rois votre meilleur encens ;
Et quand vous reviendrez vos sujets moins rebelles
Resteront pour jamais à vos ordres fidèles.

HÉRODE

Pauvre prêtre insensé, cours toi-même à ce roi
Qui te fait conspirer contre César et moi ;
Celui qui, sur Juda, règne en maître équitable
Ne va pas se salir aux pieds d'un roi d'étable !

(Le grand prêtre s'incline et sort)


SCÈNE VI

HÉRODE, NIZAEL, TITUS

HÉRODE

Astuce et trahison ! qui sait combien ses mains
Ont reçu de *talents* pour tromper les humains !...


SCÈNE VII

Les mêmes, CARRUS

CARRUS

Seigneur, Jérusalem, votre ville fidèle,
Vient d'apprendre, à cette heure, une heureuse nouvelle,
Le peuple court au temple et prie avec ferveur
Le Dieu qu'en cet instant lui porte le bonheur,

HÉRODE, à part

Panique et désespoir ! ô ciel quand ma personne
Ne supportera plus le poids de la couronne
Viendras-tu me poursuivre et m'assaillir encor ?
Moi qui n'attendais plus que l'heure de ma mort !

(à Carrus)

Carrus, explique-moi la chose avec sagesse,
Apaise de mon cœur le tourment qui l'oppresse.

CARRUS

Des mages, arrivant de pays étrangers
Et disant avoir vu de Dieu les messagers,
Ont répandu le bruit que cette nuit dernière
Est né le roi des Juifs, éclatant de lumière
Sous le toit d'une étable... ils désirent, je crois ,
Vous demander la hutte où vit ce roi des rois.

HÉRODE, à part

Terreur ! je vais enfin, à cette heure opportune,
Trouver un baume au mal qui fait mon infortune.

(à Carrus)

Va-t-en les appeler, et tu feras du mieux
Pour me les amener ici même, en ces lieux.

(Carrus s'incline et sort)


SCÈNE VIII

HÉRODE, NIZAEL, TITUS

HÉRODE

Il serait temps, je crois, d'étendre sur mon doute
Cette sécurité qui me fuit et redoute ;

Le chagrin m'assaillit en pensant à ce roi
Et la rivalité m'accable malgré moi.

### TITUS

Comptez toujours, Seigneur, sur ma vaillante épée !
Le proconsul Titus soumettra la Judée
Si jamais ce pays s'élève comme vous,
Et le ramènera bientôt à vos genoux.

### NIZAEL

Mais, si pourtant ce roi prédit par les prophètes
N'armait contre Juda ni piquiers, ni vedettes,
Mais seulement venait, humble triomphateur,
Porter à vos sujets la fortune du cœur,
Que feriez-vous, Hérode?

### HÉRODE

Hérode est ici maitre
Et chacun comme tel devra le reconnaitre !


## SCÈNE IX

### Les mêmes, CARRUS, gardes

### CARRUS

Seigneur, voici les rois de pays d'Orient
Que j'ai pu retrouver et conduire à l'instant ;
Ils désirent beaucoup être en votre présence.

### HÉRODE

Qu'ils entrent, et, soudain, ordonne le silence.

## SCÈNE X

### Les mêmes, LES TROIS MAGES

(Les gardes sont rangés en bataille au fond de la salle)

HÉRODE

Mages, quel beau dessein vous amène en ces lieux,
Etalez vos projets clairement à mes yeux.

1er MAGE

Nous accourons de loin, Seigneur, pour rendre hommage
Au Dieu qui s'est fait chair dans un pauvre village,
Et qui vient racheter les crimes outrageants
De ceux qu'il appela toujours ses chers enfants.
Depuis bien des soleils, nos pères qui l'aimèrent,
Et qui, dans la vertu, simples nous élevèrent,
Avaient prédit le temps ou ce plus saint des saints
Viendrait, pécheur du monde, accomplir ses desseins;
Or, l'heure étant sonnée à l'horloge éternelle,
Nous osons vous prier, chef d'un peuple fidèle,
De vouloir nous montrer les lieux où, pour jamais,
Ce Dieu, sur Israël, vient régner dans la paix.

HÉRODE

Mages, par une erreur, une vaine chimère,
Vous avez cru qu'un Dieu naissait sur cette terre ;
C'est une illusion, retournez promptement
C'est moi seul qui suis maître et suis gouvernement.

### 2ᵉ MAGE

Il n'est point question, roi de cette contrée,
De répondre à nos vœux d'une façon outrée ;
Celui que nous nommons le maître d'Israël
Commande à l'univers et dirige le ciel ;
Ce n'est point en hautain qu'il caresse à la ronde
Les pauvres délaissés et les riches du monde ;
Mais il vient, au contraire, en toute humilité
Naitre, vivre, mourir sans fard, sans majesté ;
Imitez-le, Seigneur, et soyez moins avide
D'un fantôme de gloire, hélas ! toujours aride :
Cet Être c'est Jésus, c'est Dieu, c'est l'Eternel !
Et vous n'êtes rien moins qu'un bien faible mortel.

### 3ᵉ MAGE

Non, Seigneur, quand des rois arrivent à cette heure
Vous demander de Dieu la terrestre demeure,
C'est qu'ils ne veulent point vous induire en erreur
Sur l'objet révélé par l'Ange voyageur ;
Depuis notre départ, conduits par une étoile,
Nous cherchons du mystère à soulever le voile ;
Nous voulons l'adorer, lui donner en présents
Les précieux produits de nos gouvernements ;
Déposer à ses pieds le sceptre et la couronne
Que pour quelques instants sa volonté nous donne ;
Demander la sagesse, arbre des nations,
Et citer son exemple aux générations.

### HÉRODE

Ainsi donc vous voulez, Mages, que je vous dise

Où sont les lieux couverts d'une telle méprise ?
Alors qu'il est prouvé qu'aucun des nouveaux-nés
Ne sont, dans mes états, aux frimats condamnés.
Si le fait était vrai vous me verriez, fidèle
Aux ordres émanés de la voix éternelle,
Porter à ses genoux, mes trésors les plus chers
Et moi-même à ses pieds appeler l'univers.

1<sup>er</sup> MAGE

Le fait est vrai, bien vrai ! tout en ce jour l'atteste !
L'éclair qui nous porta la vision céleste
Pourra peut-être encor, à vos sens engourdis,
Montrer des livres saints les sublimes récits
...Adieu, roi de Juda, que le ciel vous éclaire.

(Les Mages sortent)

SCÈNE XI

HÉRODE, NIZAEL, TITUS, CARRUS et les gardes

HÉRODE

Enfin, je vois le jour à travers ce mystère !

NIZAEL

Voilà que votre songe à cette heure, Seigneur,
Se rallie et concorde au règne du sauveur ;
Jésus, le fils de l'Homme, enfin vient de paraître,
Et vous-même devez aller le reconnaître.

TITUS

Hé ! quoi, vous, Nizaël, oseriez conseiller

A notre souverain d'aller se dépouiller
De l'or et des lauriers qu'a gagné sa personne
En faveur d'un enfant que la boue environne ?

NIZAEL.

Sans rien lui conseiller, je dis que son devoir
Est de soumettre à Dieu son infime pouvoir.

HÉRODE

Puisque c'en est ainsi, Nizaël, de ce gite ,
Sors ! ... que ma volonté s'exécute au plus vite!
Je ne veux pas d'un traître! et pour tout confident
Je garde mon épée à côté seulement.

NIZAEL.

Hé! bien, soignez, Seigneur, le mal de l'infortune,
Puisque la vérité vous devient importune,
Sous les coups du destin je vous laisse en ce jour
Et ne reviendrai plus de longtemps à la cour!...

(Il sort)


## SCÈNE XII

HÉRODE, TITUS, CARRUS et les soldats

HÉRODE, à part

Il a donc été dit au temple de mémoire
Que je ne dois laisser qu'un vil nom dans l'histoire !
Maintenant je comprends que les biens, les trésors
Ne peuvent arracher les rois à leurs remords.

(à Titus)

Titus, le seul ami qui me reste en ce monde ,
Pour dissiper l'horreur qui sur ma tête gronde,
Si sur ton bras je puis appuyer l'avenir
Dis-le moi, maintenant que je veux en finir.

TITUS, tirant son glaive

Sur ce glaive encor teint du sang de vos esclaves ,
Vous le pouvez, Hérode, et comptez sur les braves
Qui, la pique à la main , suivent aveuglement
De Titus, votre ami, le seul commandement !

HÉRODE

Hé bien ! alors, ami, dès ce jour ma colère
Ne sera plus un mot, une absurde chimère,
Je veux prouver aux fils des générations
Ce que pouvait Hérode aidé des légions ;
Je veux, de ce palais, seul arbitre suprême
Faire la guerre au monde et jusqu'à Dieu lui-même !
Puisque jusque le ciel conspire contre moi,
Lui prouver que je suis et que je reste roi !
Il est en mon pouvoir de briser, de dissoudre,
La superstition qui va se faire absoudre!
Absoudre ! enfer par qui ? par un certain rival,
Que l'on nomme Jésus, qui n'est pas mon égal !
Ce roi du ciel pourra, convoitant ma puissance,
Implorer à grands cris ma bonté, ma clémence,
Mais l'honneur, insensible à ses pleurs enfantins
Me le fera poursuivre et briser dans les mains !
Assez longtemps son spectre, assiégeant cette place,
A méprisé mon trône et redoublé d'audace ;

Il faut qu'il sache enfin ce que c'est que la loi
D'un code, résidant dans l'esprit d'un grand roi !
Ainsi donc, vous, soldats des légions d'Octave,
Ruez-vous désormais, comme un torrent de lave,
Sur tous les nouveaux-nés qui n'auront pas un an ;
Faites couler partout les larmes et le sang ! !


FIN DU QUATRIÈME ACTE

# ACTE CINQUIÈME

## L'ÉTABLE

La scène représente une étable délabrée, à gauche est la crèche et la sainte famille, à droite le lointain.

## SCÈNE PREMIÈRE

### CUCURNY, MIQUELOUN

#### CUCURNY

Es eissi, Miqueloun, que l'aoutour de la terro
Ven apprendre eis mortaous à souffrir la misero?

#### MIQUELOUN

V'ouei, moun paire es eissi, se poudiatz l'admirar
De lou veire tant beou vous mettriatz à plourar.

#### CUCURNY

N'en douti pas moun ficou, déjà dins ma jouinesso
Entendieou racountar, souvent emo surpresso,
Qu'un Dieou deviet venir sus la terro, souffrant,
Recroumpar leis pecas deis homes per soun sang.
Alors l'y vesieou ben, poudieou dins la naturo
Countemplar l'esplendour d'uno richo verduro,

A l'oustaou cregnicou pas que manquesse de ren
Moun paire a soun trabail fasiet valer son ben.
Lou paoure m'endurmiet, ma maire que m'aimavo
Lou sero e lou matin countento m'embrassavo,
Mai, dins un grand coumbat contro leis Philistins
Moun paire, aou champ d'hounour fenisset seis destins!
Ma maire, daou chacrin l'anet trobar, pecaire.

(Montrant Jésus)

Aou temple daou bouén Dieou, d'aquel enfant lou paire,
Adounc, à quatorge ans, restant paoure, ourfaneou,
Ma visto daou chacrin restet sus lou carreou.
D'alors jusqu'aujourd'hui, carguad de ma biassetto,
M'en vaou counfusament en tendent ma paletto,
Demandar, mandiar, trooup souvent senso espouar,
A la pouarto de gens qu'an que d'or dins lou couar!
Vaqui, moun bel enfant! l'histori de ma vido ;
Aoujourd'hui que ma courso es tout aro fenido
Mi resto plus que tu per bastoun d'avenir,
Lou destin, dins la nuech, m'aguent vougut bandir!

MIQUELOUN

Moun paire, à Jesus Dieou, mettetz vouéstro counfiançço,
Sabetz que de sa man s'escapo la puissanço.

CUCURNY

N'en ai besoun, moun fieou, car souvent lou richas
Mi mando de mespres la pouarto sus lou nas.

(Il chante)

Dieou de grandour que dins vouéstro clemenço
M'avetz marquat d'un destin malhurous,
Despueis lou tems qu'eissi faou penitenço,
Gardatz-mi plaço aou sejour benhurous!...

Tu, moun enfant, soulet ben qu'ai sus terro,
Quan serai mouar vendras sus moun toumbeou
Bagnar de plours leis cendres de toun pèro,
Eoù que t'aimet maougra soun sor cruveou.

#### MIQUELOUN

Paire, souffretz per Dieu qu'es aqui sus la duro,
Sus quaouques brins de pailho e senso cuberturo,
Humblament à seis peds jitem-si li toueis dous ;
Baisem seis santeis mans e soun front benhurous ;
Car, en créant leis gens per vieoure coumo frèros,
Li recoumandet ben de faire leis prièros.

(Il se mettent à genoux)

## SCÈNE II

Les mêmes, FAVOUEILHO, NOURADO, NOURA
MIQUEOU, LAOURENT, PEOUNARD, NORINO E BABEOU

#### FAVOUEILHO, chante

Nous vaqui doune à Bethelem
    Bravo jouinesso,
    Plus de tristesso,
Nous vaqui doune à Bethelem
Davant lou Dieou de bounta plen.

#### MIQUEOU

E lou coulèguo Roumanieou
    Sus leis coulinos,
    Dins leis espinos,
E lou coulèguo Roumanieou
S'es estraviad quan va vous dicou !...

LAOURENT

Amis, pas de soucis, nouèstre jouine counfraire
Aoura trobat quaouqu'un en rodant lou terraire,
Blaguo fouèrso, sabetz, mai pueis es un pitoué
Qu'à prepaou de la marcho à cadun fa la coué,
Ensin tardara pas d'espinchar dins l'establo
Ounte lou Tout-Puissant, coumo un gros miserablo,
Aqui, sus la fresquièro, entre dous animaous
Per n'aoutreis pecadous ven souffrir tant de maous.

(Il chante)

Sus la pailho lou veou
Rayounant d'allegresso,
Déjà luench daou souleou
Que daou ciel lou caresso,
E dis eme fierta :
Resto fleou daou mysteri,
D'intre l'obscurita (bis)
Per benir la miseri (bis).

PEOUNARD

Jé ne viens point-z-ici m'opposer-z-à la chose,
Au contraire, au bon sens jé donné gain dé cause,
Car le grand mouvement qui s'opère aujourd'hui
Annoncé qu'un grand roi sur l'univers a lui.

FAVOUEILHO

Ah ! qu'aimi, meis amis, entendre l'amoulaire
Nous dire de resouns que trimoun plus de caire,
Jusqu'aro l'ai cresut deis arteous eis chevus
Neguad dins leis soucis de seis saquets d'escus,
Mai l'avare estrechoun pareis, qu'aro renounço
A faire en qu que siet la pus feblo semounço,

L'argent maquo plus ren soun grand couar anoubli
E leisso per jamai seis tresors dins l'oubli...

Si vous saviez combien, mon antique Favoueilhé,
Il m'a fallu du tems pour faire cette fouillé;
Raseler l'acier trempó, dérouiller des couteaux,
D'un jour à l'autre jour n'avoir point de repos,
En été les chaleurs, l'hiver ies angelures...
Croyez bien que Peounard en a passó de dures !

(Il chante)

       ﹒Quand on a perdu les sonnants
        Que l'on avait dans la boursetté,
        Qu'on né retrouvé plus dedans
        Qu'un mauvais morceau d'estrassetté,
        Alors, ah! si l'on écoutait
        Touté la ragé qui vous miné,
        Du plus haut roc d'uné colliné
        Peut-estre on se debaousserait! (bis).

L'or. l'argent, leis tresors, escapoun de la terro ;
La vertu soulament e la sagesse austero
S'estacoun aou mortaou que n'en saoub proufitar...

Que de maous, cependent, avem à suppouartar
Dins lou pichot camin ounte passam la vido,
Hurousament qu'un Dieou de clemenço infinido
Proumette aou vertuous pax e consoulacien
Aprés que de souffranço a passat sa porcien.

FAVOUEILHO

Ensin Miqueou, resouno un home de cabesso
Quan aimo à si nourrir deis fruits de la sagosso.


## SCÈNE III

### Les mêmes, ROUMANIEOU

ROUMANIEOU, essouflé, chante

Ho ! meis amis, sieou susarent
         Prochi la routo
         A vaou dessouto,
Ho ! meis amis, lou vieilli Roument
A soun bidet a dich : amen !

NOURA

Aquel ai grisounet qu'un jour à Mans-Passidos
L'y manget tout un saq de castagnos mousidos?

ROUMANIEOU

As bouéno souvenenço, aqui l'y siès, Noura,
Figuro-ti que l'ai traversavo un gara,
Roument seguiet dernier, gueiravo se l'eissari
Frettant sus leis roumias li fariet pas d'oouvari,
Tout d'uno, vaqui l'ai, que sus leis bords d'un baou
Resquio e pataflou, viro lou ventre en haout,
Escampant de pertout lou vieoure que pouartavo,
Roument, en diant de troncs, sus la besti quichavo ;
La teniet de soun miès, en creidant aou secours !
Mai malhurousament avant que deis entours

Leis gens aguessoun mes lou nas à la carrièro,
Per entendre leis cris d'aquelo amo sorcièro,
L'aze aviet boulegad, maougra qu'eme Roument
Lou tenguessiam daou bout que toco aou foundament
Midis : — quicho ! quichem ! mai lou pesd de la besti
Li fa petar la couè... daou cooup forçad m'arresti !
Lou paouro, tout saounous, toumbo dins lou ravin
Leis quatre peds en l'er... tallo es sa tristo fin.

(Il montre la queue)

E lou brave Roument contro lou sort blasphèmo
Disent qu'aimariet mies que sieguesse sa frèmo.

### NOURA

Roument, dins sa manièro a quaouque paou resoun :
La frèmo couèsto ren... pescatz dins lou mouloun.
Mai se vouletz un ai que siet faret, vo negre
Vou faou sortir de soous ben sooupiquads de pebre.

### FAVOUEILLO

Anem, anem bergiers ! en presenço de Dieou
Faguetz pas desparlar lou nebou Roumanieou,
Sabetz qu'a cado pas vous fariet de bestisos
Ensin lou forcetz pas à v'en dire de grisos...

### CUCURNY (recouvrant la vue)

Ho ! que bouénhur per ieou ! Dieou de touto bounta,
Mi rendetz mai la vido en dounant la clarta !
Qu'ai fach per meritar ensin vouéstro clemenço
Ai-ti per meis pecas, fach quaouque penitenço ?
Nani, la bouéno fé, la counfianço en moun Dieou
Es tout ce que poudetz aguer trobat dins ieou.

MIQUELOUN

Paire, vous v'avieou dich que lou Dieou de lumièro
Un jour vous rendriet mai vouèstro visto proumièro ;
Viatz que la verita, vous redounant lou jour
Poudetz à Jésus-nat proudiguar vouèstre amour,
E pueis, à vouèstre enfant qu'a que vous st.., la terro,
L'embrassar de bouén couar, se l'aimatz ben, mon péro !

CUCURNY  en l'embrassant

Se t'aimi ben, mi diés, moudéle deis enfants,
Doun que lou ciel mi fet per riégir meis veieilhs ans ;
Tu que dins l'infortuno as pas perdut couragi
Que Dieou touto ta vido ensin ti garde sagi.

(Il chante)

Merci, Signour, de ma visto rendudo,
Après trento ans mi repareisse, antin !
E tu, moun tieou, de pas l'aguer perdudo
Remerciet n'en lou grand mestre divin !
De tant de maous qu'an assiegeat ma vido,
Dins lou néant li toumboun estou jour.
Anarai plus demandar per bastido        ) bis
E gagnarai moun pan à ma susour !       )

SOURADO

Que cooup miraculous ! aquelo es deis pus bellos !
Après trento ans e mai redurbe leis parpellos !
Approuchatz-vous ,  bergiers  touteis prouprets , ben
                                                [courous
Favoueilho, lou proumier qu'a leis peds malaoutous,
Miqueou, senso retard boutouno-ti la vesto,
Aguem, touteis ensens , uno tengudo hoounesto !

NOURA

En presenço daou Dieou nascud tant paourament.

Siam de paoureis bergiers qu'avem per sentiment
De vieoure eme leis gens d'uno façoun sincéro,
Nouéstre couar pur e franc va prouvo,moun bouen péro;
Siam feniants, es verai, coumo soun leis bergiers
Mai des feniants n'en a dins touteis leis mestiers;
Favoueilho, lou moounier, home a netto counscienço,
Quan van lou revilhar la nuech perde patienço;
Aimo durmir maougra lou *ta, ta,* daou moulin
Despueis lou souar bouéno houro e ben tard lou matin.
Sa mouilhet, coumo viatz, a la facho rabino.
Mai de milhouro gens n'a ges sus la coulino;
L'ueil qu'a tant mascarad, que li douno un aoutre er,
N'es pas, coumo sabetz, per l'effet d'un cooup d'air,
Mai lou fraire Miqueou, que dins l'empourtaduro
L'a mes, senso attencien la man sus la figuro,
Tamben, per alleougear lou fai de soun remord,
Vous adus soun mari sus l'esquino, en bouén port,
Aqueou, tout malaoutous, suito d'uno toumbado,
Vous preguo d'aguer souin de sa cambo macado;
Roumanicou, lou pus jouine, es l'encavo de tout:
De bouén sens n'en a gaire e s'embrounquo pertout,
Aqui vesetz tamben, Laourent e l'amoulaire:
Un aimo ben briffar, cassar dins lou terraire,
L'aoutre a soun gagno-pan, e pueis a n'un cantoun
Aimo de l'argent blanc n'en faire un paouc mouloun...
Per icou, va vous dirai, créaturo celesto!
Aimi leis gros fayoous mai que leis maous de testo:
Lou vin blanc daou touneou, lou blur de Roquefort,
Tout aco, va sabetz, es moun coupable sort.

MIQUEOU

A tout ce que vous dis, Noura, moun chier coumpaire,
Cresetz, mestre Puissant, que l'ajustarai gaire,
N'ai pas l'esprit pounchud, mai coumptatz que vendrieou
Per vous levar d'aqui ce qu'ai de pus precieou...
Entandooument prenetz, de fruits esto courouno,
Ma man vous la tressado e moun couar vous la douno.

(Il joue un air de tambourin)

FAVOUEILHO

Mestre, se de tant luench, pouartant vers vous leis pas;
S'avem abandounat lou moulin e lou jas,
Venem per vous prouvar que quan la vouax celesto
Nous reclamo, subran, avem la cambo lesto :
Ensens eme Babeou, la filho daou vesin,
Vous aduam de marlusso eme un pichot lapin.

(Il chante)

Fino testo bloundetto
Eimagi daou bouén Dieou,
Toco un paouc la manetto,
Mai coumo sies gracieou
Mai que,
Mai coumo sies gracieou!
Ti pouarti quaouquaren
En guiso de present :
Ai dins meis gouarbelettos
De biscuechs, de navettos,
E de poumos reinettos,
Puis la fé. Tout-Puissant!
Enfant, enfant
Tant pichoun, tant pichoun que sies grand !

NOURADO

Enfant, daou d'haout deis mounts, de nouéstro paouro
[couèlo,

Vous aduou quaouquaren que restaouro e counsouélo;
Es un present d'amour a vouétro majesta
Oouffrid per ma counscienço en touto humilita.

(Elle chante)

Mai coumo sieou ravido
De veire aquel agneou !
Despueis que gardi vido
N'en ai vist un tant beou !
N'en ai,
N'en ai vist un tant beou !
Astre, dins moun gorbin
Ti pouarti daou moulin
De flour de la tuzello
Pastado en busquichello,
Eme uno tourdourello
Puis la fé Tout-Puissant !
Er fant, enfant
Tant pichoun, tant pichoun que sies grand !

## ROUMANIEOU

Jesus, sieou Roumanieou lou nebou de Favoueilho!
Un galois jouvenas, senso sens e baroueilho,
Que ven per vous oouffrir de nougat, de rasins
E per gardar l'estable uno liasso de tchins.

(Il fait aboyer des chiens mécaniques, et après diverses grimaces comiques,<br>il chante)

Enfant tant beou, tant doux,
De paoureis vergougnous,
Venoun dins est estable
Ti preguar fervemment
E ti dire humblament :
Siegues-nous favourable.

Quan lou bla creissira,
Que la planto veira
Reneisse leis pampettos,

Fai que leis paoureis gens
Pousquoun vicoure countents
Soulo seis cabanettos.

Aimable enfant de Dieou,
Soungeo que Roumanieou
Ti pouarto dins lou basse
Un gros troué de nougat
Soulidament liguat
De poou que si despasse.

De la joyo, flour deis enfants,
Vouéli fournir deis peds, deis mans
Un brui coumo jamai tounerro
Faguet en toumbant sus la terro !
Il frappe des mains et des pieds et danse burlesquement en tenant la queue
de l'âne.)

CUCURNY, chante

Astre, de toucis leis temps predich per leis prouphètos,
Mestre de l'univers, aoutour de ce que viam ;
Enfant aqui couchad, teis pus belleis counquettos
Soun de venir souffrir lou fam !
O bel Astre! ô Signour! ta patienço es sublimo !
Mai qu t'a fach tant doux! tant juste! tant divin !
Perque deis maous estre victimo
Tu lou grand guido daca destin.

NOURA, chante

Eme plesir, moounier, bergiers, bergiéros,
Davant Jesus si mettem à ginoux,
Aquestou jour vis toumbar leis barriéros
Que lou peca dreisset aou vergougnous.
Quittem, quittem à seis peds nouéstre hooumagi :
Vaqui ma poumpo aou jus de meou taoura,
Reçube-la, Jesus, coumo lou gagi ⎱ (bis).
Daou pecadou, mai sincère Noura ⎰

**PEOUNARD, chante**

Pour un grand vol, pecheré,
Celui quo vous royez
Dans la douleur ameré,
Jésus, tombe à ros pieds :
Le gros pégin lé crèbo
De n'avoir plus d'argent,
Et s'il vous fait la bèbo,
C'est qu'il n'est pas content,
Ila ! rendez-lui sa cèbe,
Son or, sa fortuné, ses biens
Pris hier par les bohémiens.

**LAOURENT, chante**

Emplid de joyo en rodant leis coulinos
De l'enviroun, (bis)
Tuou leis canards pus souvent leis galinos
A l'escoundoun, (bis)
E se Jesus raou mi faire bouquetto,
Tant que pourrai, (bis)
De tems en tems uno lèbre grassetto
Li pouartarai. (bis 2 fois)

**CHUR (') — (arec accompagnement d'orchestre et de tambourins**

Enfant estendut sus la duro,
Reçube leis humbles presens,
Que d'uno terro ingrato e duro
An recoltat leis paoureis gens.
Sus aqueou liet de teis misèros
Escouto la vouax deis bergiers ;
Entende leis douços prièros
Deis paoureis gens, deis roturiers.

(*) Ce morceau de chant peut se chanter ou se supprimer à volonté. Sa véritable place est au bas de la page 105, après le mot : TENOUDO HOOUNESTO !

### SOLO

Un divin ventoulet descende la coulino,
        Toueis frés e gays cantem, cantem !
Dins un cantoun d'esteis luechs si dessino
Un enfant mignoutad qu'un rayon allumino,
        Un doux rellet daou ciel de Bethelem.

### CHUR

        V'ouei, v'ouei l'enfant per qu venem,
            Es aqui neissent,
        Amis, d'uno man lesto
        Destapem-si la testo!
A ginoux! à ginoux! la Puissanço celesto
        S'es facho chair eme intencien
        De nous dounar sa proutecien.

### SOLO

        Daou ciel sus sa coucho meskino
        Descendetz, angis benhurous !
            Ensemble cantarem un hymno
        Aou Puissant nascud malhurous.

### CHUR

        Davant lou liet de seis miséros
        L'y veiretz de paoureis bergiers ;
        Entendretz leis douços priéros
        Deis paoureis gens, deis roturiers.

### CHUR FINAL

V'ouei, v'ouei l'enfant, etc.

### FAVOUEILIO

Semblo que quaouquaren qu'avieou dessus lou piés
Ven de mi dispareisse e que mi trobi miés!
Pueis d'en bas, signour Dieou! m'en vaou plus de
                                    [boulino,

Sieou garid tout en plen de ma cambo roubino !

(A Nourado)

Ma frémo, ah! per lou cooup, n'as pas plus ren à l'ueil !

NOURADO

La counfianço e la fé fan tout passar per ueil !

FAVOUEILHO, à Peounard

Ami, coumo trobatz leis douns de la priéro,
Leis avugles l'y vien e ma cambo es plus féro ?

PEOUNARD

Jé dis que cet enfant est un *hommé* d'honneur.

(Il pense)

Cependant, j'ai toujours mes écus sur le cœur !...
Saint-Diet!... si ce n'était pour l'auguste presencé
Du jugé, qui pour nous, vient fairé pénitencé
J'irai chercher partout les auteurs du larcin
Et les écraserai du poids de mon pégin !

LAOURENT

Alors, voudriatz alors qu'aquestou jour celèbre
Sieguesse cachetad d'un cooup de man funébre ?
Nani, l'ami Peounard, l'home fa ce que voou
Mai pueis la Mouar l'arambo e l'assoumo d'un cooup'

PEOUNARD

Mais vous né dites pas qué sans ces personnagés
Etaient à tout jamais perdus mes équipagés
Ainsi que les couteaux que j'avais retenus !...

(Il s'écrie)

C'en est déjà bien trop de perdré mes écus !!

FAVOUEILHO, avec dérision

Es aqueleis escus que l'y van per la facho !
En fet de la mounédo : *honni siet* qu la facho !
Se de la terro un jour dispareissiet l'argent,
L'home seriet gracieou, probe, toutjours countent,
Veiriam plus d'assassins si poustar sus la routo
Per pilhar lou passant e lou mettre en derouto.


## SCENE IV

### Les mêmes, JANAN

JANAN, entrant

O mouar ! perque m'as pas tamben ensevelid !

. . . . . . . . . . . . . . . . .

Que leis aoutreis booumians sieou-ti mens avilid ?
Coumo elleis n'ai-ti pas mascarad ma counscienço ?
N'ai-ti pas trooup lounglems fach vessar la pacienço ?

. . . . . . . . . . . . . . . . .

Moun Dieou ! mai per dernier uno invisiblo man
Mi pousso... e lou remord mi counsumo lou sang !
Senti lou repentir ! toqui la Providenci,
Vieou qu'ai fouerso besoun de faire penitenci
                              (S'adressant à Peounard)
Las de faire lou gus, lou landrin, lou larroun
Veni très humblament vous demandar pardoun

8

Daou vol que vous ai fach : vaqui vouéstreis pecettos !
Ma counscienço e meis mans d'aqueoa caire soun nettos.

PEOUNARD (comptant l'argent)

Vive lé Bohémien ! mon compté es bien *suila*,
Je me paye aujourd'hui dous liards de cervelat !

(A Janan, qu'il embrasse)

Embrassez-moi, l'ami.

ROUMANIEOU

Oh ! de sort quint affaire !

JANAN

Aro mi resto encaro a veire lou cassaire
L'oouffrir lou paguament de ce que l'ai mangeat !

LAOURENT

Sabi que moun poulet mi l'avetz goudiflad !

(lui présentant son bidon)

Hé ! ben, sieou bouén enfant, buvetz e vous pardouni.

JANAN, après avoir bu

Vaqui dounc tout l'argent qu'eizigeatz que vous douni ?

LAOURENT

Soulament que siéguetz pus franc à l'avenir,
E d'aquestou sant jour gardetz lou souvenir.

JANAN, chante

Lou gardarai per toutjours va vous juri
Sus leis ginoux de la Divinita !
Oh ! se sabiatz tout lou remord qu'enduri
De ma souffranço encaro aouriatz piéta ;
Es un carboun que mi brulo la vido !

Un repentir que calcino meis jours !
Un souvenir que ma testo avilido
Paou pas neguar dins l'aiguo de seis plours !
O Dieou puissant rende-mi lou couragi !
Sicou tourmentat, sicou reduich en un ren ;
Sicou plus degun, qu'un fenad de passagi
Qu'a tout perdut soun hounour e soun ben ! (*bis*)

ROUMANIEOU

Amis, veici de reis, de pagis, de piquiers
Que deis mounts e deis plans seguissoun leis sentiers;
D'elephans, de cameous, de chivaous uno tiéro !
Pareissoun si guidar vers aquesto glaciéro
Per presentar seis douns à l'arbitre eterneou
Qu'es aqui sus la pailho estendud nus e beou ;
Anem, retirem-si, faguem libre passagi
Afin que largeament défile lou messagi.

(Tous en chœurs)

V'ouei soun de reis escortads de lanciers
Qu'arriboun v'uei deis pays estrangiers,
Tranquillament guidas per uno estélo
Que doouro la vouto eternello.

SOLO

Lou fieou de Dieou descende,
Leis pichots et leis grands,
Tout davant cou si rende
Per li baisar leis mans.

CHUR

V'ouei soun de reis, etc . . .

## SCÈNE V

Les mêmes, les TROIS MAGES, gardes et suite

(L'orchestre joue la marche des rois)


1ᵉʳ MAGE, sur le seuil

Mages sur le saint lieu de grande pauvreté
Notre guide céleste enfin s'est arrêté.
Entrons et nous verrons le Dieu plein de sagesse
Qui, nous aimant chacun d'une égale tendresse,
Promet, pour l'avenir, un immense bonheur
A ceux qui sauront bien le garder en leur cœur.

(Montrant Jésus)

Voyez, quel front serein ! quelle magnificence
Relève encore enfant ce géant de puissance,
Voyez, Mages et Rois, maîtres des nations,
Hommes au cœur de fer imbus de fictions,
Ce qu'il put autrefois en créant le tonnerre
Et puis voyons le pauvre ici sur cette terre.

Les Mages se mettent à genoux et il continue

Seul Être grand et bon, doux et majestueux,
Toi fils de l'Éternel qui gouverne les cieux,
Accepte avec bonté ce franc et faible gage
Qu'un roi, faible mortel, te présente en hommage.

2ᵈ MAGE

Être qui fit le monde et viens te faire enfant
Sur cette terre ingrate arrachée au néant ;

Toi qui, dans une étable où l'autan se déchaine,
Viens apprendre à souffrir à la famille humaine ;
Si mes mains ne sont pas très pures pour t'offrir
L'encens de l'Arabie et les trésors d'Ophir,
Du moins crois que mon cœur, nourri de la sagesse,
De ton adversité s'en souviendra sans cesse.

### 3ᵉ MAGE

Brillant enfant du ciel, plus beau que ce soleil,
Dont le disque éclatant ne voit pas son pareil,
Sur la couche de paille où ton être repose
Tu viens pleurer, gémir, pour une belle cause ;
Tu viens pour racheter les fautes des mortels
Et rouvrir à jamais les battants éternels ;
Sois donc loué par nous et par la terre entière,
Dieu que j'invoquerai toujours dans ma prière.

## SCÈNE VI

### Les mêmes, L'ARCHANGE GABRIEL.

#### L'ARCHANGE GABRIEL .

Bergers, pages et rois qui venez, en ce gîte,
Au Dieu, que de mon aile à cette heure j'abrite,
Porter de vos produits les modestes présents,
Soyez, à l'avenir, ses fidèles enfants;
Vivez, vivez heureux, car une autre patrie
Vous attend pour jamais, au-delà de la vie.

CHŒUR

Roi glorieux
Qui règne dans les cieux
Du paradis, donne-nous la richesse,
Maitre éternel
Et du monde et du ciel
Répands sur nous ta sublime sagesse,
Enfant divin,
Toi Grand-Tout et sans fin,
De ton séjour trace-nous le chemin,
Et pour toujours, dans l'avenir,
Nous garderons cet heureux souvenir.

APOTHÉOSE

FIN DE LA PASTORALE

Les Musiques se trouvent chez l'auteur de l
Pastorale, rue Thomas, 105.

# ACTE CINQUIÈME

## VARIANTE

---

## SCÈNE IV

Les bohémiens entrent au moment où finit le dernier chant de l'adoration.

Les mêmes, JANAN, CAPOOU, POUSTURO

#### JANAN

Qu'es aqueou roumadan de pastres, de pastressos
A terro amoulounas tout cuberts d'allegressos ;
Pouartant fouerso presents, e pueis touteis aou cooup
Coumo de tchins malaous mourregeoun per lou sooa ?

#### CAPOOU

Viés pas, es de badaous que dins aquest estable
Venoun si remisar prochi lou misérable
Qu'es aqui sus la pailho entre l'aze e lou buou,
Tremouélant dins sa karno e pelad coumo un nou.

#### POUSTURO

Diriatz pas que cadun gagno la quino e l'ambo ?

(Montrant Roumanieou)

Aqueou d'aqui surtout que li pouarto uno cambo
Pendudo à soun bastoun, e l'aoutre aqui dernier
Li pouarge uno marlusso e de rins un panier.

### JANAN

Cresetz que pourriam pas si caffir la besaço,
En fen semblant de ren, d'uno pichotto liasso
D'aqueleis fins presents que pouartoun aou pichoun,
E pueis, s'esquivariam leou, de galapachoun.

### CAPOOU

Bravo, l'ami Janan! se sabetz en paouc l'estro,
Veiretz que per voular, Capoou sera lou mestre;
Es tout de gavouélas, l'y veiran que de fuech.

### POUSTURO

Janan, proufito encar deis oumbros de la nuech,
Pren la man de l'enfant, devino-li tout d'uno
Sa bouéno, sa passablo e marrido fortuno!

### JANAN, à Capoou

Alors fai toun mestier despacho-ti Capoou
Curo-li leis boussouns, li leisses pas un soou ;

(S'approchant de Jésus)

Pichoun, relargeo ben teis pichouneis manettos,

(Avec effroi)

Dins uno lou souleou ! dins l'aoutro leis planetos!

(Il chante)

Enfant aquestou jour
Plein de negrour,
Ti courouno,
Ti resouno ;
Enfant nourrid d'amour,
Aquestou jour
Ti courouno de grandour.
Seras grand de bounta,

Richo de majesta,
Mai per fouitar leis vicis
Periras dins leis supplicis
Tout en diant la verita. (*bis*)

MIQUEOU, le repoussant

Icou senso estre sorcier,
Facho d'acier,
Pas per riro
Vaou vous dire,
Icou senso estre sorcier,
Falibustier,

(Montrant l'atelier de Peounard).

Qu'aviatz prés aqucou chantier !
Oh ! mourro de booumian !
D'eissi fichatz lou camp !
Aoutrament sus l'esquino
Vous piqui de la badino
Que mi demangeo à la man !

CHUR

Souartetz, souartetz d'eissi,
Mounde maoudich
Per la pouarto que vaqui ! (*bis*)

(Les bohémiens sont chassés.)

FAVOUEILIO

Semblo que quaouquaren qu'avieou dessus lou piés, etc

FIN DE LA VARIANTE.

# UN SOUQUET

De quaouqueis trouès de pouésios prou-
vençalos, destacadcs per rouiguar chin-
cherin un souar de pastouralo, à la
soupado deis familhos, dins leis cercles
et leis soucietas,

PER LOU MÈME

## A.-L. GRANIER

Obrier fabre

----

DIALECTO DE MARSILHO ET DAOU VAR

----

Tout beou jus grammèrien sabi pas lou felibre,
Vaqui perque en Trobairo ai fach encaro un libre.

# L'ESPERANÇO

VO

## JEAN-LOUIS LOU SANT-JEANENC

(Scènos de la vido d'un obrier)

-----

L'Esperanço, aqueou brin que nous tent sus la terro
Coumo lou bateloun mazentad per lou vent
Que lou jouve troupier en parlent per la guerro
E lou navigatour invoquoun tant souvent.


L'Esperanço, pantailh, illuzien, fumado,
Parpailhoun sus la gagno à l'aoubo daou matin,
Matagot, fouletoun, coumedienno fardado,
Mountgolfièro estacado eis brous d'un jooussemin


L'Esperanço, beou ren que nouèstro amo souffrento
Coumo un Mégi divin souèno à seis marrids jours,
E cavaoucant la nuech dins l'angouisso e la crento
Trobo, lou pus souvent, qu'un cros per seis doulours !

L'Esperanço, en un mot, qu'un jour sus lou Carvèro
L'Home-Dieou prouclamet clavad sus uno croux,
En disent qu'à la mouar aou caire de soun pèro
Reservavo uno plaço aou juste malhurous.


Trepanad de l'espouar que noumam l'Esperanço
L'aoura ben leou tres crous qu'aou quartier de Sant-Jean
Un obrier, jouve encar, s'aluenchavo de Franço
Leissavo plus degun : sa fremo, soun enfant
Avien eis peds de Dieou quittats lagno e souffranço,
Pas mens coumptavo encar dins soun pantailh brulant,
De pousquer sus leis mars, en bravant la tempesto,
S'espragnar quaouqueis soous per escoundre sa testo
Quan soun cor deglenid, vieilhid, senso vigour
Pourriet plus si gagnar l'artoun de chasque jour...
Moun Dieou ! que lou paoure home aviet dins lou passagi
De vingt e quaouqueis ans sus aquestou ribagi
Encaissat de chacrins, endurad de maous tems
Per dins lou drech camin li virar seis parens !
Que de plours e de maous veguet dins sa familho !
Enfant : Cade matin roudavo dins Marsilho
Cercant e rabailhant quaouquaren sus seis pas,
Per faire à soun retour un minable repas.
Lou sero, en escalant à sa paoure cambretto
Paouzavo soun coufflin eis peds de sa couchetto,
Se si paou d'aqueou noum litrar l'estrapountin
Ounte si vesiet ren qu'estrasso lou matin,
E de soun tendre couar souartent uno prièro
Demandavo aou bouèn Dieou de longs jours per soun pèro
Maougra qu'à tout moument, aqueou paire feniant

Lou leissesse patir faouto d'un trouè de pan.
E per sa mairo aoussi, delonguo ben couiffado,
Ello que de soun fieou semblavo embarassado ,
Ello que lou mordiet, pueis l'hiver dins la geou
Lou leissavo ben tard per si desfaire d'eou !
Ah ! que dins seis doulours, tamben eme tristesso
Aviet gravat de noums aou founch de sa cabesso;
Taou l'aviet secourud dins un marrid moument
Que de va li doublar l'y pensavo souvent...
Anfln, devengud grand e sa cliquo arribado
A l'oustaou de la pax, vouèli dire enterrado,
Penset de si çooujir une douço mita
Cò deis bellos mouèstrant ordre e simplicita.
Mai coumo s'en vist tant dins la bando deis fillhos
Encapet lou rebut d'aqueleis courantilhos
Que, s'aclapant de luxo e de larges ribans
Marquoun lou deshounour aou front de seis enfants !
Hurousament per eou qu'uno tant laido emplèto,
Bouèno que per brifar e si mettre en goguetto,
Restet pas à sa carguo encaro ben longtems,
Aoutrament, paoure Louis ! Crébavo deis tourmens...
Un souar, la malhuroué, se malhuroué faou dire
Quan dins lou maou leis gens toumboun de pire en pire,
Un souar qu'aviet begut, manquant un escalier
Anet trobar la mouar arribado aou radier !
Quan soun paoure enfantoun, que sus seis bras pouartavo,
A peno agiad d'un an souto d'ello expiravo...
E lou paire arribant aou moument que lou cooup
Veniet dins lou quartier de samehar lou doou,
Pensatz ce que faguet ! eou qu'ero tant bouèn paire,
Eou que per soun enfant passegeavo à la maire ;

Sezid d'un tremourun, en tenent seis chevus
Restet douès houros mouar sus seis cors estendus !..

## II

Tallo es daou Sant-Jeanenc la primo part d'histori :
A peno sus la mar à la Viergí de glori
Que daou d'haou de la couèle ounte règno soun noum
Proutégeo lou cliper e lou prin bateloun
Diguet : « Mèro de Dieou, bello viergi Mario !
Estou jour dins lou doou m'aluenchi de Marsilho ;
Leissi ren dernier ieou que lou cros de meis plours,
Un jour, se mi vouletz prestar forço e secours
Retournarai preguar sus aquestou ribagi
Qu'es tant chier à meis ueils, mai qu'ai ren en partagi. »
Si signet, e ben leou, poussat per un bouèn vent
L'ile de Routouneou tapet lou bastiment,
En avant ! e toutjours sus l'esquino d'un oundo
De la terro Jean-Louis seguiet la formo roundo
Lagremant soun passat, pensant à l'avenir,
De toueis seis benfatours gardant lou souvenir.
Ero tant dous per eou ! soun amo ero tant bello !
L'aviet tant de vertus dins sa marrido estèlo !
Lou trabail, lou malhur, la peno, lou souci
L'avien tant fach de maous ! mai qu'ero grand aoussi !
Jamai tant decidad, sus lou champ de batailho
Pareisset lou sordat que bravo la mitrailho !
Car souvent dins lou ciel en viant luzir l'uilhaou
E l'ouragan sus eou destapar soun canaou ;

,ou tounerro vingt cooups petar dins la maturo,
)e soun carboun d'infer li rimar la figuro !
,amai Jean-Louis, jamai dins soun sang-frey de mouar
, isset passar la crento à l'estro de soun couar !.


### III


'aqui dounc arribad sus la terro estrangièro
,'ourfaneou malhurous de la *fouèn de rouvièro*, *
,ou vaqui s'inginant a boutar chasque jour
)ins uno cacho-mailho en paouc de sa suzour
,ou point que dins paouc d'an per de sageos intriguos
,a fortuno aviet mes un terme à seis fatiguos...
,lors, luench d'amagar soun aur en avaras,
i souvenguet daou tems que roudavo paouras
)ins leis marrids quartiers de sa villo natalo
,n couffin à la man vo lou fay sus l'espalo,
,outent de soun magot l'hoouneste Marsilhes
, seis amis d'antan l'escrivet : « dins sieix mes
'ouartarai meis gazans sus la terro de Franço
, vous embrassarai, saouvurs de moun enfanço. »
,'ouei, poussa per l'esprit deis bouènos intentiens,
'ouliet coumblar cadun de seis bellos actiens.
i souveniet trooup ben de seis jours de misèros !
)eis lagrèmos, daou fam, deis doulours, deis coulèros!
,t vouliet de soun aur, gagnad tant rudament,
,ou retour s'en servir per faire en paouc de ben.

---

(*) L'une des rues du quartier St-Jean.

E s'embarquant alors per sa villo chièrido
Repassavo en camin leis penos de sa vido ;
Assetad sus l'avant, vo drech sus lou timoun
De chasque matalot li changeavo lou noum :
L'un ero lou Pharò, l'aoutre leis Aygalados,
Eme Arenc e Chastrous passavo seis vesprados,
Lou capitani meme ero noumad Morgiou,
Lou segound Casteou-di, lou luetenent Sormiou.
Mai Louis ero Galois e degun s'en fachavo ;
Dins leis jours de dangier coumo antan trabailhavo
Lou beou tems revengud, necit ero per eou
De dounar per lou boiro eis homes daou bateou…
Pueis lou vesien après quilhad sus la pouleno
Pareissent pensatieou, semblant plus battre veno,
Mesuravo de l'ueil leis raguagis prefounchs
Que formoun dins la mar de planos, de valouns ;
Sus l'aiguo ounte oouvissiet l'orgue de la naturo
Aimavo à countemplar la bello tendo bluro,
E l'estèlo polèro aou cap de pur crestaou
Fasien grand gaou de veire eis ueils daou Prouvençaou.


## IV


De mes s'éroun passats e la terrestro bocho
Un souleou cade sero escoundiet dins sa pocho ;
Leis alos daou cliper e sa fanouso proué
Avien laissat lou sud dins l'oumbro tenebroué…
Un jour, aou luench! ben luench! soumbre si dessinavo
Un mat pavailhounad… pueis lou souen d'uno cavo

u'aouriatz dich lou mistraou ! mai tant harmounious
ue de la joyo Louis, toumbet à doueis ginous.
viet recouneissut la paraoulo argentino
ins la vouax daou bourdoun de la Viergi Divino,
u'à l'oumbro deis brouilhards souènavo leis marins
venir s'assetar sus seis nobles gradins...
ben leou l'hoourizoun ameinant sa barrièro
arsilho pareisset à seis ueils bello et fièro,
grandido, parado e poussant seis obriers
créar chasque jour, de pus poulids quartiers.
e que Jean-Louis vesent creidet dins soun delire :
Marsilho, moun pays, moun espouar, moun martyre!
etourni mi rejougne à l'abri de toun port,
er fenir d'accoumplir leis destins de moun sort ;
u m'as doumat lou jour, souletto as ma counfianço
e ti reveire avieou counservat l'espéranço,
'espéranço en moun astre entièro la mettieou
fario ero moun ancro e moun timoun soun fieou... »


### V


guent dich lou cliper, toucant la Joulietto
maravo à l'anèlo... e déjà sus lou bord
eis amis d'aoutreis tems levavoun la casquetto
ou sant Jeanenc Jean-Louis que sabien carguad d'aur.
ou mens aquelo fes, se l'humano feblesso,
estavo leis trésors dins l'home parvengud
s que sabiet que Louis, dins sa bello sagesso,
oumo elleis, daou malhur n'aviet sa part sentut...

E l'avenir prouvet que jamai dins Marsilho
Per secourir l'obrier, coumo la paouro filho
Richas aviet tant fach en samenant soun ben...
... Car lou jour que mouret Jean-Louis aviet plus ren.

# LOU RETOUR DE MICOURAOU

Martegalado

Ero lou beou proumier d'abrieou
Que Micouraou sus sa saoumetto
Eme de pan dins sa maretto (*)
E leis cuissetos d'un counieou; (**)
La boutilho de vin aou caire,
Anavo retrobar soun paire
Dins lou Martegue. soun pays,
Mai lou catieou penso e si dis :
Faou pas touèrnar dins ma broussailho
Coumo aqueou que lou jour trabaiuo
E vis lou souleou que d'un traouc.
Faou que n'en racounti pas paouc
Aou proumier pacan qu'à l'oourilho
Mi demandara s'a Marsilho
Ai vist quaouquaren de nouveou
Camino... e jus, mestre Miqueou
Antan cantaire de l'Égliso,

(*) Besace. (**) Lapin.

Home qu'oouvissiet pas bestiso,
Li dis : — Ti vaqui de retour ?
Micouraou, despueis l'aoutre jour,
L'a-ti de noou dins la grand'villo ?
Aqueou senso si far de bilo
Li respouènde d'un air malin :
— Dins la réservo, un gros raquin
De l'ancien port tapo l'intrado ;
Cinq cents veisseous soun sus la rado
E degun paou plus faire avant !...
— O sant Aroy ! sant Luc ! sant Jean !
Creido Miqueou, la farço es bello !
Devi-ti creire à la nouvello ?
E Micouraou juro à Miqueou
Sa fé de Dieou, qu'un gros veisseou
De l'avant aou mat de misèno,
Cordagis, velos e carèno,
L'a descendut dins lou goouzier
Coumo uno fueilho d'ooulivier.
— O de Dieouris, que merevilho !
Quintou miracle dins Marsilho,
S'en va creidant nouèstre gournaou,
Ajustant qu'es pas un fanaou
Que Micouraou, dins lou villagi,
E cent aoutres n'en fant tapagi,
Disent de mai, que leis boulets
Tout coumo de couèts de cooulets
Li resquilhoun sus soun esquino...
Ben leou la blaguo pren racino,
E subretout d'aqueou pays,
Ben plus renoumad que Paris,

Vers Marsilho per longuos tièros
Parte de familhos entièros
Ren que per veire lou raquin !
E Micouraou, si dis : — Couquin !
Ce qu'ai dich n'es pas bagatello !
Se la cavo ero pas réello
Leis gens si serien pas troumpads
Meme leis riches be sapads...
... E l'estourneou courret per veire
Ce qu'à chascun aviet fach creire.

# UN BEN RARE BOUENHUR

### Histori veridico d'un meinagi

⊰⊱··⊱··⊰⊱

Vaqui dous cooups sieix mes que sieou prouprietari(*)
Marrid moussu grelad, martyr d'un lougatari
Que despueis quaouque tems bacèlo dins l'oustaou
Sa nouvello mouilhé d'un biai fouerso brutaou,
Es aoussi vertadier, tamben que sa fumèlo
A per ello lou maou d'estre sa part carèlo ;
Se soun home la vaou prendré per la resoun
Ello li mando aou nas la jarro e lou jarroun,
Vaqui coumo toutjours coumençoun la besougno,
La bello creido aou lard en lou tratant d'ibrougno !
Li cracho dins un ueil, li dis qu'es un gusas !...
Soun home li respounde en li troussant un bras,
Vo ben d'un cooup de pound li descende uno oourilho ;
Li mando avant de bras lou veire e la boutilho !
L'estrasso lou chignoun, li brulo seis ribans,
Pueis la fa maoutratar per seis gusas d'enfans,

---

(*) Cette pièce je la publiai dans le n° 134 du Cassaire, 24 juille
1864, sous le pseudonyme : Sidi-Mahomet-ben-Sebaïoun.

Acot duro pas mai de sept jours per semano.
Tamben misé Paquet, daou carra l'estagiano,
N'en a leis basses plens ! e m'a dich à la fin
Que paou plus abarir dins uno barquo ensin :
« D'aqueleis avaries n'en fariatz vouèstro affaire
Se vouliatz bouèn Moussu mettre la poou de caire,
Li coupariatz la chiquo e s'an lou feou gastad
Saoupriatz leou leis guarir de sa marridetat. »
Double ventre de moungeo ! adounc faou que va fagui,
Li dieou : — Per m'en tirar, m'ounte faou que m'em-
                                        [bragui ?
— Ounte faou v'embraguar ? mountatz! fetz-li de trin !
Creidatz, fetz d'embarras ! citatz chasque vesin !
Parlatz de Buou, de Bouc, de Luc, lou canissaire,
Mouralisatz Babeou, diguatz-li de mies faire,
E soun home, candid coumo un ciergi plantad
Vous gramaciera ben de vouèstro hoounesteta,
Car s'es en paouc vieoulent lou cresi de judici.
Cooujissetz per acot lou jour lou pus proupici...
M'escupi dins leis mans e li dieou, cadenoun !
Bouèno misé Paquet cresi qu'avetz resoun;
Devetz estre quaouqu'un quan siatz prouprietari.
Envers leis estagians siatz aou mens coumissari,
Poudetz restablir l'ordre e dins vouèstre intérest
Leis mandar proumenar d'Endoume à Bucharest...
Quand tout beou jus à d'haou lou bouzin recoumenço,
Mounti leis escaliers, coumo un home que penso
De restablir la pax e rendre lou bouènhur
A n'un couble neguad dins l'oundo daou malhur...
L'intri, li dieou, l'ami, sabetz que vouèstre organo
Despueis de ben longs jours mi fa mandar la canno !

Leis vesins n'en soun las ! e leis gens daou quartier
Creidoun, qu'anetz campar souto lou canoubier ;
Avetz tout espessat ; lou miraou , la terrailho,
Dins lou panier deis uous trobi plus que la pailho ,
La coué de vouèstro fremo eme seis faous chevus
Leis vieou sus leis malouns trouès per trouès estendus
Aqui soun coutilhoun, eila sa pendelotto ;
Sa poumado, soun fard, lou taloun d'uno botto !
Que vous soubro daou jour que fasialz tant de vent ?
Deis mobles qu'aduguet l'ebenisto Vincent ;
Leis avetz fach passar per leis mans de S.....
La troumpeto a vendut per ren vouèstre ben-estre...

. . . . . . . . . . . . . . . . . . . . . . . .

La fremo que piquatz es per vous la douçour...
Que l'aviatz pas proumes quan li fasiatz la cour ?
Disiatz qu'à bord de mar aouriatz uno campagno ,
Un kiosko à Palama, de bens prochi d'Aoubagno ,
Uno fermo à Poucieou, lou carosso, un chivaou
E vous fasiatz frisar per courre à soun oustaou...
Quan tout d'un cooup la fremo.... oh ! mai qu'unto
[arrouganto !
Mi mando un cooup de pound,per lou couèle m'aganto,
En mi creidant :— Bouzias ! vieilh marchand d'avariés
Dins lou diapasoun deis gens de pescariés,
Se venetz dins l'oustaou nous faire la mouralo
Vous talounatz pas maou !.. nouèstro unien counjugalo
Es per, souar e matin, nous dounar de foutraou
Es lou soulet bouènhur que trobam dins l'oustaou !
Eh ! ben, té ! que li vouès, aou parvengud d'arlèri !
Aou grand Moussu fregid ! fortunad de mysteri !
Banquoroutier, fripoun, aoutreis cooups court de pan,

Qu'a fach mourir soun paire un souar en l'embrassant.
N'a pas fenit lou mot que soun home m'arambo
Sus soun planchier graissous toqui que d'uno cambo,
Ello eme lou trissoun mi piquo sus lou nas
Perque de soun oustaou dis que troubli la pax ,
Sieou tout ensanglantad ! leis enfans si n'en mêloun,
Dous gourinas fenid que la testo mi fèloun ,
Per coumble de malhur toumbi piqui de c...
Sus moun ouesse bertrand que mi fa faire l'uou.
L'esfrai, leis cooups, lou sang mi fan virar la testo.
Jugeatz se d'aqueou lot n'en avieou pas de resto ?
Assagi de filar per la pouarto daou foun
Ounte vaou faire testo aou milan d'un chambroun...
Anfin souarti d'aqui , zoubad per uno escoubo ,
Que teniet la fumèlo en mi fasent la loubo ,
Saouti leis escaliers, durbi lou courradou,
Hélas ! de meis malhurs n'en eri pas aou bout:
A peno ai despassat lou lintaou de la pouarto,
Que mi senti bagnad d'uno aiguo fouerso fouarto ,
Eme de moucelouns coulads sus moun habit
Resto d'uno marlusso e d'un cooulet maoudich...
Intri chez la mercièro, uno bravo vesino,
Que m'arrangeo daou mies e mi seco l'esquino.
Pueis senso retardar... vieou lou jugi de pax ,
Per li dounar coungier... mai mi tapi lou nas !...

... Qu creiriet que despueis qu'an reçut la coupio
L'accord lou pus parfet regno dins la familho ,
Mi devoun remerciar, mi creire soun bouèn Dieou,
Coumpréni qu'ai ben fach.. mai plus li touèrnarieou.

※

# MISÉ BARQUIEOU

❦

## Conte de Fantasié

❦

Un jour prochi la grand carrièro
Misé Barquieou, la courretièro,
Fremo moudele de san-Plan
Vouguet far blanchir la sartan
Que teniet de soun seni-reire (*)
Enfant daou quartier de sant-Peire,
E per acot daou pus haout *cous* (**)
De la masuro ounte restavo
Preparant soun ooutis visquous
Un estamaire sousqueiravo,
E, la baisant entandooument, (***)
Disiet : ma bello sartagnetto
Voueli v'uei ti rendre proupretto ;
Tu la pus vieilho daou pays !
Orgueil de touteis leis ooutis
Que chasque jour à meis *matinos*
Mi fa lipar leis cinq *sardinos* ;

---

(*) Bisaïeul. (**) Etage d'une maison. (***) En attendant.

Tu lou pus beou deis papafards
De moun renoum e ma neissenço
A quan de nobles en Prouvenço
Pourries li dire : siatz bas... ds
Aqueleis an de papierassos
Brutos ; poou:souès, coulours d'estrassos
Per counservar lou souvenir
D'un noum passid, senso avenir.
Eh ! ben ieou pouedi far la fièro
Car ma sartan a de pooussièro
Coumo lou pus encian papier...
Subran la vouax d'un peirourier
Ven resounar souto soun estro...
Descende e leisso la menestro
Que si rimavo sus lou fuech,
Tampis ! ero en paouc de pan cuech
Que nouèstro vieilho dedentado
Preparavo per sa dinado.


Agueut leissat tout à manès
Souèno vite lou calabrès
Lou quaou courre vers la pratiquo.
Alors misé Barquieou l'expliquo
Que vaou qu'estame sa sartan,
De n'aguer souin, car de soun grand
Teniet l'ooutis fach tout de tolo ;
Que quan sa maire ero à l'escolo
Sa grand couinavo aqui dedins
Leis saoucissos e leis boudins ,
Pueis leis pignens e la marlusso ;

Que per tout l'or daou rei de Prusso
Faliet pas que li fesse un traouc !...
— N'en aourai souin, repren Grimaou ;
Vostra sartan sera ben facha,
Dedins vous li veiretz la facha
E serai resounable aou près,
A deman... dis lou calabrès...


Vaqui que per troublar l'affaire
Un grand farçur qu'ero à soun caire
Temouin de la counversatien
Aviet prestat soun attentien
Aou biai que la vieilho rabino,
Parlant de l'ooutis de cousino ,
De traouc n'en vouliet pas un brin ,
Courre après Grimaou , lou magnin ,
E li barbouilho que sa mèro ,
Se vaou pas que prengue coulèro ,
Lou carguo, en fet de la sartan ,
De pas seguir soun proumier plan
E lou countrari li coumando...
De Grimaou la surpresso es grando
Mai pourtant dis : — va vous farai ,
E deman vous l'entournarai,
Pueis s'en va·senso mai li dire ,
Tandis que lou farçur Brancai
Déjà s'estouffavo daou riro.


De bouen matin, lou lendeman,
Grimaou, la sartan sus l'espalo,

Dins la carrièro de l'Escalo
Gambadavo, balin, balan,
Anavo veire sa pratiquo,
Pensant pas li faire la niquo
En l'aguent traouquat soun ooutis
Va li presento e pueis li dis :
— Viatz que vous l'ai ben arrangeada,
Se la padela vous agrada
Va devetz tout à vouèstre fieou...
— Mai, respouènde, misé Barquieou,
De fieou n'ai ges, aquelo es bello !
Qu'un tron vous cure la cervello
Coumo avetz traouquat la sartan !
Dedins li passariatz la man !
Es piegi qu'uno castagnièro,
Viergi daou ciel qu'unto manièro !
Repliquo mai misé Barquieou,
E Grimaou juro davant Dieou
Que soun enfant dins la carrièro
L'a dich de va li faire ensin...
— Tenetz, li dis, es lou couquin
Qu'es aqui drech sus vouèstro pouarto !
Ah ! lou landrin ! aquelo es fouarto
Dis vers aqueou garobountems
La paouro vieilho senso dents,
Faou que va pagues en justici,
Ingrat filhoou, plen de malici,
Vouès mi reduire aou desespouar :
Paouro sartan, tout moun espouar,
L'hounour, l'orgueil de ma familho,
Pourras plus servir que de grilho... !

E si reviran vers Grimaou ,
, Li dis : — Aro vieou que lou maou
Ven que d'aqueou qu'à moun martyre
Respouende per d'esclats de rire
Encaro acot vous semblo ren,
Mai l'aoutre jour intre en courent
Risent dins sa barbo d'estoupo ,
E per qu faire se vous plai ?...
Quan tout dins l'oulo bouilhiet gay
Tout vieou faire descendre en poupo
Moun paoure gat dedins la soupo !

# LOU
# BOUEN ENFANT E LOU LUROUN

## Conte Fantasque

Fasiet pas clar encaro e decembre aviet fin,
La nuech aviet mandat seis brignos daou matin,
Fasiet frech, un bouen vent, uno bousquo nourrido
A n'un paoure bedot fasiet courre bourrido...
Camino... e dins Marsilho à vuech houros daou souar
Arribad, demandavo uno sœur, soun espouar,
Cousinièro disiet encò d'uno bouchièro
Que restavo à Jarret, prochi la Canebièro,
S'adreisso à tous venents, anfin lou malhurous
A forço de cercar si trobo sus lou cous.
Aqui vesent sus plaço un tas de santounailhos
Representant la crecho entre quatre murailhos :
Lou mitroun, l'amoulaire en faço daou ravid
S'en anavo en badant, e creidant : — qu'es poulid ! —
Nouèstre home deis santouns n'aviet sa plèno testo
Aouriet vougut s'en mettre eis pochos de la vesto. .
Tamben à chasquo fremo en passant li disiet :
— Que la benedicien à vouèstreis mans li siet !
Sabetz ben leis viestir...— Marcho rouiguo cardellos,

Vai-ti faire empalar! li respouendien leis bellos.
Reluko-lou, Calin, coumo es encoutrurad,
Semblo pas Jean Pinoun lou bedot desnarad (*)
Verai!... mi couneissetz? Sieou lou bedot Pinisto...
— Pardiet respouende un gras que marchavo à sa pisto.
Especi de farçur, garoutier, praticien
Coumo s'en trobo tant dins la villo en questien,
Se mi li troumpi pas... à veire vouèstro alluro
E lou poualo rouilhous que pouartatz per couiffuro...
Devetz estre parti... — Tout jus de Soulies-Pouèn
A miègeo houro de marcho aou dessus de la fouèn...
— Ah! diantre toucatz man! despueis que v'espéravi
Nuech e jour, moun ami toutjours vous pantailhavi!
E coumo va : — Ma sœur? — Ah! vouei, précisament.
— Pensi qu'es maridado... ou filho soulament,
Vaou la veire en courent... m'an dich qu'es cousinièro
Dins aquestou pays, encò d'uno bouchièro.
— La frèmo d'un bouchier? — V'ouei, v'ouei, sabetz
                                             [ount'ès?
— Pardiet, respouènde l'aoutre en fent l'home de pès.


Lou bedot va creset, si mettet en brassetto
En li disent l'argent qu'aviet dins la boursetto,
Lou gaoubi de sa maire à fricassar leis gats
E faire per nouvè de barros de nougats ;
Sa plaço de bedot, sa grando hoourour daou vici,
Qu'aimavo leis lebraous mai que lou rescalici,
Anfin sus soun sujet l'instruiset tallament
Que l'aoutre, soun affaire aguet dins lou moument.

_____

(*) Ce bedeau nasille en parlant.

Va mettet à proufit... après uno estirado
Si troboun vis à vis d'uno pouarto isoulado ,
Piquoun... avant durbir, uno fremo à la man
Li dis : — Sieouplait qu siatz ? un bedot bouèn enfant
Respouènde lou luroun que li serviet de guido.
— Ah ! dis en li durbent uno filho poulido,
— Intratz, braveis Moussus, quittatz leou vouèstre fay,
Que desiratz mangear, digatz vous servirai ?
V'ouei! v'ouei! dis lou luroun en clignant leis parpellos,
Servetz-nous de lebraou, d'agneou, de tourdourellos,
De froumagi couyent, es un ami, sabetz ?
Lou frèro de sa sœur, Antoinetto ou Babet
Filho de seis parents, de familho a noum Pino...
— Moun Dieou vous ai coumpres, uno bruno-bloundino?
Vaou la faire mountar, li respouende en risent,
La filho qu'à la ruso aviet tout soun talent.

D'aqui grimpoun toueis dous à la chambro quilhado
Aou d'haou d'un escalier dins un angle enfouncado .
L'introun, la degourdido arribo eme lou vin
Seguido pas à pas per un garçoun brandin,
Subretout leis fricots, leis milhouros ripailhos
S'alignoun à l'entour de la taoulo... en batailho.
Lou bedot counsternad, candid d'admiratien
Li disiet : « moun ami, faguetz pas attentien,
Es troop beou ce que fetz, per ieou, sus esto terro
Mi countenti de pan e de poumo de terro,
Tamben sabi qu'aurai la grosso part de dous
Dins lou sant paradis, sejour deis benhurous ».
Pas mens, en s'escurant eis fricots si lançavo
Quan s'éro bourra d'un de l'aoutre si gavavo,

Tandis que lou Luroun, per li juguar lou tour,
S'avisavo que l'estro, en pas dounant aou jour
Poudiet lou leissar d'intre à la pleno sournièro
E lou faire junar d'uno bello manièro.

Cependant lou soupa caminavo à sa fin,
Lou bedot fatiguad plugavo leis parpellos,
D'un soufle de rounfloun penetravo eis cervellos
    De soun affiliad landrin
      Que, d'une man adrecho e lesto,
      Li souartiet l'argent de la vesto
      Per paguar leis frès daou festin,
Daou tems que la filhetto, aquelo degourdido,
Leissavo sus soun liet pas un trouè de lançoou
      E la couchetto ben garnido
      De bestis largeos coumo un soou.

Tout d'uno, dins lou tems qu'aquesto s'oouccupavo
De clavar coumo faou la pouarto ounte rounflavo,
Un silenci coumplet si fasiet dins l'oustaou,
      Cadun alors dins la sournièro
      Deis escaliers preniet la tièro
      Ben decidat de rire en paouc....

Aoussi per racountar leis fets d'aqueou gros rire
Escoutem lou Bedot... soulet pourra nous dire
Qu'après aguer passat tres jours, tres nuechs à dins
A si pourrir lou sang, pougnud per leis cousins
E leis ouès abimads d'uno tallo derouto
De Marsilho à Souliès prepreniet mai la routo,
En diant aou Capelan, que li tendet leis bras

Quant lou veguet mourent, chancelar sus seis pas :
— Ai restat renfermad, bouen Cura, quinto cavo !..
Dins un appartament que jamai s'esclaravo,
Mi sieou levat cent fes e cent fes d'eissavaou
Uno vouax mi disiet : — Teiso-ti, gros lourdaou !!
Sabetz iou que sentieou daou fin founch de ma bailho
Renouriar lou tambour de touto la tripailho
Sus moun liet, suzarent, en mi virant disieou :
Mai que tout à n'un cooup crebe pas lou *barrieou* !..
Ajustatz en acot, moun bouèn moussu Pactolo
Qu'avieou per m'accoumplir lou ventre à l'Espagnolo,
Mi sentieou defaillir, plouravi sus moun sor,
Recitavi francès tout moun *Counfiteor*,
En l'ajustant, moun Dieou, perdi touto ma graisso.
Leis nuechs d'estou pays mi mettran à la caisso !
*Spiritu sancto mea magnus culpa !*
Mi faou mourir de fan après un taou soupa !
Quan un diable tout rouge à la frimouso touarto
Midis: — Noun mourras pas ! en enfouçant la pouarto,
Pueis, senso mai parlar, m'aganto e lou couquin
Mi jitto per uno estro aou mit an d'aou camin !
Toumbi, la testo en bas, en cantant un cantiquo,
Dins uno gouarbo d'uous... alors uno aoutro cliquo
D'un tas de fumelans que creidavoun : zou ! zou !
Piquoun sus moun capeou ! mi deshabilhoun tout.
Es à peno daou cooup se saouvi meis sabatos
Encaro avien servi per mi dounar de patos !

# A MATHIEU LACROIX

OBRIER MAÇOUN, POUÈTO DE LA GRAND'COUMBO
MOUART A 43 ANS, 17 DÈSÈMBRE 1884

+§+

## SOULAMI

+§+

Trobairès lagrematz, Lacroix de la Grand'Coumbo,
Lou pouèto de couar, lou maçoun amistous,
Lou chantre Cevenol, l'ourfaneou vertuous
Ven de descendre, hélas! per toutjours dins la toumbo!

Paoure Mathieou Lacroix ! après tant de souspirs
La mouar a mes un terme à sa marrido estèlo ;
Leis angis l'an mountat dins la vouto eternello
Ounte lou Dieou de pax règno sus leis martyrs.

V'autres qu'avetz oouzit sa vouax vibranto e fino
Quan aou coungrès d'Azai touteis si troberiam
N'aoutres qu'à l'unissoun ensens lagremeriam
Quan recitet seis vers de la PAOURO MARTINO.

Ah ! va disiet tant ben que nous electriset !
E soun pouèmo aviet lou vrai de la naturo :
Ero d'amo, de couar, de geste, de figuro
Si plouret à la tin quan cadun l'embrasset !

Es que, paoure Lacroix, enfant d'amour e sagi,
Si souveniet daou tems qu'anavo eme doulour
Eis passants demandar lou pan que sa suzour
Poudiet pas li dounar encaro en aquel iagi.

Es aquel art tout sieou, tristo realita,
Qu'aviet dins lou malhur escaoufad de sa flammo,
Aquelo vouax la fet resounar dins nouèstro amo
Lou jour d'aquelo festo à l'unanimita.

Adieou, Mathieou Lacroix ! caritable pouèto !
Adieou probe artisan ! encaro un cooup, adieou !
Repaouso, chier ami, dins l'oustaou daou bouèn Dieou,
Eissi l'art es en doou, la Muso ti regretto !! (*)

---

(*) Que dire, en effet, d'un enfant du peuple, d'un pauvre prolé-
taire, voué de bonne heure au travail et n'ayant compté ses
années que par des larmes et des douleurs.
(*Note biographique sur Mathieu Lacroix*, par M. CASIMIR
BOUSQUET.)

# REMOUNTO DEGUN

## VO

# LEIS AMOURS D'UN NERVI

Lu sur la scène du Gymnase, par mon ami JOSEPH LIEUTAUD.

---

Sieou Remounto-Degun, lou grand mestre deis bouffos,
Lou proumier numèrò deis toupets e deis touffos !
Habiti dins Marsilho à touteis leis quartiers
A flanar sus leis queys passi de jours entiers ;
Taou mi recouneis pas que gueire ma figuro,
Ai poussat que dous ueils, sieou la garotto puro !
Es verai que per cooup, millo e quaouqueis beoutas
An sentut leis tourments d'aqueleis qualitas ;
Perque sus un trottouar li feri de proumesso,
Li parleri d'amour, de passien, de tendresso,
Leis bellos mi cresien un tant bounias enfant
A passar lou countrat bessai lou lendeman.
Sabetz, pas mai qu'acot, qu'aqueleis bagatellos !
Ieou mi mettre à nourrir millo e quaouqueis fumellos !
Quan per emplir lou gus, leis gens à plen goouzier
Mi creidoun : — V'ai t'en leou ! camino garoutier.

O Remounto-Degun, tisano de patienço !
Escounde-ti marrias ! vai lavar ta counscienço
Negro coumo un torchoun qu'a frettat la sartan,
Pouèdes passar l'escoubo à toun corps degoustant.
Oc vè deis gens, meis gens n'en faou pas faire festo !
Si noun de seis prepaous vous felarien la testo,
Mai per va vous prouvar vous dirai sus lou cooup
Qu'avieou fach chouax d'un blound, d'un fres mourroun
                                        [tout noou
De dameisello Clèro, eis trets fins coumo un garri !
La filho daou bouffid, Piloun, l'abouticari !
Eh ben ! aquelo enfant, per Remounto-Degun,
Aouriet jitat soun pèro aou mitan daou curun,
Es à dire qu'avieou soun couar à ma rigolo,
Déjà sentieou lou micou si collar senso collo ;
De meis bilhets d'amour n'aviet tres gros couffins !
Ieou deis sieou per n'emplir la carretto deis tchins !
L'aviet pas quienge jours pas mens qu'acot duravo,
Mai daou matin aou souar la posto trabailhavo,
Vers la fin l'avieou visto à la plaço Vivaou
E m'aviet fach d'ueils doux que mi rendien malaou.
Oh ! tamben, li disieou : « Si tu voulais, ma bello,
Nous sé marierions à la luno nouvello ;
L'hiver est un beou temps, il fait d'heureux époux,
Oui, ma chère Clara, je compte sur tes sous. »
Ello mi respoundiet : « J'en veux pas davantage,
Ami, tu m'as parlé d'un brillant héritage,
Je n'attends que cela pour te donner ma main,
Toujours à mon logis tu te rendras demain ? »
O serpenteou de sort ! acot qu'ero de chanço !
Vesieou venir lou jour de la grosso boumbanço !

Ieou que cercid, crassous, rodegi sus un quey,
Per far moun bouilhabaisso avieou pres aqueou pey !
E zou ! lou lendeman, per aguer meis intrados,
Un ami mi prestet seis bottos barnissados,
Un aoutre soun habit, un parent soun routin,
Fougueri de cadun, viestid coumo arlequin...
En intrant, soun papa, mi dis per toute cavo :
— « Quelle profession exercez-vous mon brave ?
— Je suis courtier-marron, arpenteur dé pavé,
Violoniste célèbro et chanteur achevé.
— Et combien ce métier, par année ou semaine
Peut-il vous rapporter ? — Ça j'aurais quelque peine
A vous le préciser... mais six cent mille francs
Je compte les gagner avant deux ou trois ans.
— Mais un pareil métier n'est pas de pacotille !
Bon Remounto-Degun, je vous promets ma fille. —
Tout mi reussissiet, déjà vesieou d'aploun.
Leis droguos, leis taceous daou beou-pèro Piloun
Mi toumbar dins leis mans, e pueis, abouticari,
Dins paouc de tems d'aqui, subran, mi desclaravi.
Souarti tout countentet, en embrassant Clara,
E li dieou que deman revendrai mies parad,
Qu'anavi deis papiers mi mettre à la poursuito...
Jusquo sus l'escalier mi feroun la counduito. —
Parti... rintroun..., e pueis, vaqui qu'aou lendeman
Campanegiavi mai sa pouarto a grand balan,
Mai, per lou cooup, Piloun, armad de sa coulèro,
Aqueou jour fouguet plus un pesible beou-pèro,
D'un regard de serpent, mi mouèstro un grand papier,
E mi dis: — Lisez-le, feniant, falibustier ! —
Lou durbi, que l'y vieou ? de jour en jour seguido

L'histouaro deis claveous qu'ai riblads dins ma vido;
Lou pitouè qu'escriviet la lettro aou gras Piloun
M'arambavo pas mai que d'aquesto façoun :
« Le gaillard, cher Pilon, qui demande ta fille
Est un vaurien complet, sorti de la bordille;
Le rebut du pays, ivrogne, polisson ;
Grossier comme un pain d'orge et le poil d'un cochon ;
Aucun ne veut de lui, pas même la canaille,
Chez tous les gargotiers ayant fait une taille :
L'habit que tu lui vois, les bottes, le castor
Sont des prêts contractés aux crocheteurs du port. »
— Eh ben! li dieou, que l'a? viatz pas c'est dé critiquos!
Se sabieou qui l'a fait je lui foutrais de chiquos !
— Et vous avez le front, repren lou gras Piloun,
De me nier cela ! vous êtes un capoun !
Fichez le camp d'ici. — Mais enfin, cher beau-pèro,
Si Clara tient à moi. — Courrez donc en galèro!
Fuyez, grand landrinas ! — Mais cessez vos propos
Autrement, vieux bouffid, jé pars dé moun répos !
— Que riposteriez-vous? Dirieou qu'à vouèstro gulo,
Avant de tant barger, mettetz uno pilulo,
D'aqueleis qu'employez pour détruire les gens ! —
Alors creido : — Garçons, vite des lavements
D'opium à l'imposteur ! — E coumo s'avançavoun
Per mi poussar ben caoud l'ooutis que preparavoun,
Embrasseri Clara... pueis d'un large baceou
Reverseri Piloun rede sus lou carreou !

✳

# LOU PROUGRÈS A L'ENVERS

⋅⋅⋅

PENSADOS EN PAOUS SABOUADOS

⋅⋅⋅

## EIS BACHELIERS DE L'AVENIR

⋅⋅⋅

Quan seretz touteis bacheliers
Qu de v'aoutres fouira la terro,
Qu'aou luè de tailhar leis vergiers
Traduiretz lou Gregou d'Homèro ;
Qu'en caminant desguenilhads
Anaretz faire la radasso
L'estieou souto d'acacias,
L'hiver aou cagnard d'uno plaço ?

Quan seretz touteis de coumis,
Escrivassiers de cado merço.
Diguatz ? qu fara leis ooutis
Indispensables aou coumerço ?
Eme vouèstro plumo à la man

Vous creiretz de faire l'emperi,
Mai leis arts que dounoun lou pan
Seran per v'aoutres un mysteri.


N'en aouretz pas per ben longtems
De vous veire dins la debino.
Lou frech, la neou, l'aiguo, leis vents
Leis apararetz sus l'esquino ;
Vieouretz ensin senso soucis
Phrasant Ciceroun de pus bello,
E dins de viestis tout cercis
Coucharetz à la bello estèlo.


Que bouénhur ! enfants d'artisans,
Faretz plus ren, saoubretz ren faire !
Seretz touteis de coumerçants
Vendent la tiblo eme l'araire !
Vous veiran finassiers savents
Courre leis mounts e leis ribagis
Faire de discours eis pignens
E resounar leis coouquilhagis !


Dins leis champs, devenguts campas,
Feniants mai que de sibaritos,
Vieouretz dins de traoucs de roucas
Coumo aoutreis cooups leis troglodytos.
Aqui tastaretz leis ragous
Que douno un sito soulitari,
En mangeant de fruits espinous,
Vo dansaretz davant l'armari !

Déjà lou paire à seis enfants
Li fa detestar la roturo,
Vaou pas que s'embrutoun leis mans,
Vo si mascaroun la figuro.
Tamben lou noumbre deis obriers
Quitto leis champs e ven en villo,
Lou labour complo d'estrangiers
NOU CENT CINQUANTO AOU MENS SUS MILLO !

# LOU· FRICASSAIRE

vo

# MOUSSU E MADAMO CALICOT

———:✳:———

## ORGUEIL E MISÈRI

✠

### CAVOS DAOU JOUR

Ai dins moun restaurant à trento francs per mes
Un de meis abounas, fanfaroun e ben mes ;
Un coumis vouyageour que quan s'habilho pouarto
Ce que leis courretiers pendourien à la pouarto,
Ce que l'empacho pas de mettre après Sant-Jean
Un perdessus de lano eme un pantaloun blanc.
Mai lou bougre qu'a l'ueil ! vite, vite camino,
Escoubant leis trottouars eme aquesto faquino,
Rintro dins ma cambuso en si secant lou front
E mi dis : « Coumo ça zè suis zouli garçon ! »
Faou vous dire ben leou qu'aqueou plaçur de tèlo,
Colpouartant leis tissus de la sezoun nouvello

D'un oustaou de coumerço es lou representant
E mangeo que lou jour dintre moun restaurant :
Nouèstre home es maridad, prochi San-Giniez resto,
Mai se vesiatz sa fremo?... oh! que poulido testo! ..(à ri)
...Un beou jour qu'un *Pernod* l'aviet fach mettre en trin
E qu'aviet ramassat sus sa routo un gros tchin,
Mi dis : — « Si vous vouliez nous irions voir ma femme? »
Ieou li tenieou pas trooup, mai per saber la gamo
D'aquestou *couyageour*, que paguavo jamai,
Li respouendi : baclé! va vouletz, l'anarai !
Tant leou dich, tant leou fach, mountam dins la vouaturo
Que fa paguar dous soous... l'arribam... la masuro
D'un crassous lougeament à courradou dubert
Si presento à meis ueils fangous coumo en hiver.
L'intram... l'y siam... pan! pan!... gassayo la cadaoulo!
Un gat, sus lou palier, lou rebiffo e li miaulo,
Lou tchin que nous suiviet, tchin ni tendre ni doux,
Aganto aquestou gat, lou mando dins lou pous :
A tout lou brut d'infer que tout acot tirasso
Madamo Calicot, mèsso coumo uno estrasso,
Espincho de la pouarto eme un pichoun aou bras
Qu'aviet soun bouèn paquet de *vieoure* dins lou nas,
E li dis : « Mais c'est toi, rentre mon petit anze !
D'où vient qué zusqu'au dos tu t'es rempli de fanze ?
Peut-être n'as-tu pas su francir l'escalier
E t'a fait patatras au milieu du bourbier! »
— « Mais, repren Calicot, il te faudrait, ma cère,
Emprunter un balai pour arranger l'affaire,
Puis si viro e mi dis : « Entrez, à vous l'honneur,
Je vous cède le pas, l'y respouendi, Monsieur,
— Non ze n'en ferai rien, c'est moi qui vous invite

Et vous dois les égards dûs à votre mérite ;
Passez premier, allons ! — « Vous le voulez, voilà ! »
E l'y passi davant drech coumo un cervelat..
...............................................................
Mai n'èro pas lou tout d'estre dins sa cousino !
Lou ruscle mi quichavo, avieou la fam canino,      •
Voulieou mangear, que prendre ?... ero l'hoste daou Pin :
Fouerso aigo dins lou pous, ges de pan, pas de vin !
Quan Calicoto courre à la pouarto d'en faço,
Durbe, cerco, reven e la maoudicho agasso
Adus un tabouret per mi faire assetar,
Eme, dins soun fooudieou, quauquaren per dinar ;
Dinar qu'aviet *roustil* cò daou vesin Baptisto,
Ouvrier per qu la cébo ero cavo requisto,
Mai que sa fremo Jeanno, en pas pensant en maou,
Leissavo trooup souvent à sa pouarto la claou,
Mi dis : — « Asseyez-vous, avec nous *pas de zène.* »
— « La tablo ousqu'elle est-il...? Ah ! ce meuble en ébène
Ze l'ai fait porter hier pour le faire arranzer,
Respouènde Calicot... voilà le potazer !
Per mobilier, tout jus, avien uno cadièro !
E dire qu'eme acot Calicoto ero fièro !
D'uno raoubo fasiet per la sesoun d'hiver
E quan veniet l'estieou la mettiet de l'enver,
Li dieou : N'es pas lou tout, faou mi dounar de pèços,
Pouèdi pas mi paguar de vouèstreis poulitessos ;
Mi devetz trege mes de pan et de pourciens,
Paguatz-mi, car sieou las de faire d'additiens...
« Moi z'attends des millions, Monsieur mon auberziste,
Riposto Calicot, malgré ça ze persiste
A les voir arriver du côté d'Haïti

E touzours en rétard, ze suis à sec ici. — »
. . . . . . . . . . . . . . . . . . . . . . . . . . . . . . . . . . . . . . . . . . . . .
Quan entendi de brut... pueis de cris de couquino!
Meme sus lou palier, encò de la vesino,
La paoure bougro aviet, en rintrant dins l'oustaou,
Coumpres que sa serrailho aviet mai d'uno claou ;
Calicoto aviet l'art de si genar ben gaire,
Encò d'aquesto fremo aviet fach soun affaire,
Alors jugeatz quan Jeanno in intrant trobet plus
Ni pan, ni vin, ni fruit, ni trancho de marlus,
En un mot lou dinar de soun home Baptisto,
Li pren un sacrebieou! lou sang curbe sa visto,
Coumpren tout, fa qu'un bound, courre vers Calicot
En li creidant de gus e de *saoulo-ruisseau!*
Se vouletz paradar sus lou pavé, canailhos !
Mangeatz ce que suzatz, retroussatz-vous les brailhos !
Douès toriuguos si soun cercados dins un bouès !
Un ramasso *leis bouts* l'aoutre curo leis ouès !...
Mai viratz-vous, mis dis, relukatz sa gravado,
Une testo de mouar, facho d'escumengeado !
Pouartes lou nas en l'er, pedas, respouènde-mi ?
Marchando d'inguent gris e de pisso-pouli,
Vene mai ton dinar prendre dins moun armari !
Se ti l'espessi pas toun darnier de patari
Vouéli veire lou mieou coumo aqueou deis Zoulous !
Li respouènde subran : — Begueule, taisez-vous
— Mi dies begueule, qué... Madamo Santibonis !
As bello ti fardar, ti pendre de fanfonis,
Siès blèdo et toun mari semblo un gaou senso couè ;
Sentes lou rebouilhid, lou ferun, siès graissouè,
La camié qu'as dessus de la crasso es pourrido,

T'habilhes *eis pendus* e sies louto cercido!
Pueis si viran mi dis : — Moussu, que siatz aqui,
Bessai vous duou d'argent aqueou crano fregid?
Se vous n'en duou poudetz durbir la bassaquetto
E li mettre dedins lou noum de la vieouletto...
De mendiants coumo acot si n'en vis pas souvent,
Tarounoun Piarre e Jean, mangeoun e buvoun ben,
Pueis si truffoun après daou dit de tout lou mounde.
Calicot qu'es aqui, que chasque jour vous tounde ;
Que vous mangeo lou pan, e que vous beou lou vin
Sus la pouncho deis peds tent lou d'haout daou camin,
Semblo ooublidar déjà que, l'a pas tres semanos,
Dous Moussus, pas crentous, pouartant faquinos, cannos
E lou titre d'huissiers, intreroun roundament,
Mandats per de dupas en qu deviet d'argent,
Leis entendieou marchar.... touteis dous si pressavoun
De sesir, per paguar leis frès qu'amoulounavoun...
Calicoto daou temps cantavo la cansoun :

> Et lorsque l'on vouyaze
> Sur son dos comme un limaçon
> Y porter son bagaze,
> Son mobilier et sa maison. (*)

Quan tout d'uno leis chants e leis joyos cesseroun...
Per de cris de doulours leis plours leis remplaceroun !
Venien de li sezir, cougnad dins un cantoun,
Un vieilh pot de poumado eme un marrid chignoun !
Aro, per lou dinar que m'a mangeat, la guso !
Vaou li faire paguar soun sans gèno et sa ruso,

---

(*) Air: *Les Bohémiens de Paris.*

S'escupe dins leis mans, l'aganto, vague aou soou !
Li dreisso la camiè, negro coumo un peiroou,
E levant lou couissin que noumoun la tournuro
En piquant regleriam chascun nouèstro facturo.

# MOUN MARTEOU DE FORGEO

## E L'OOUSSELOUN

_⌒_

### COUNVERSATIEN

⌖

Quan l'hoourizoun durbe seis acubiers,
Que lou printems vis neisse leis pampeltos,
Oousseou deis champs, quilhad sus leis branquettos,
Mandes ta vouax eis zephirs matiniers.
Lou forgeiroun qu'à toun art s'abandouno,
En si levant ti seguis e fredouno
Un gay tensoun, mai, trooup galois oousseou
Soun chant es dur, sec coumo soun marteou !

A toun entour si troboun reunis
Leis purs tresors de la fresco naturo,
Luench de l'enciè pouèdes sus la verduro
Festar d'un Dieou leis trabails infenis ;
As ren qu'un couar, es fouerso car lou mounde
N'aoura leou plus... v'uei l'amitié si founde
Eme l'argent... cres-va, galois oousseou,
Es vergougnous de piquar daou marteou.

Tu qu'aimes tant leis cooups d'ueils amistous
De la mita qu'as çooujido tant bello,
Fideou l'iestent, aoutant que t'es fidèlo
Pouèdes en pax fièlar de jours huroux .
Coumo pertout... ensin voudrieou ti dire,
Se cregnieou pas en paouc de faire rire,
Car leis mouilhets, gent e galois oousseou
Per leis viestir fan bruzir !ou marteou !


L'aur, leis rubis pendus aou firmament
De teis salouns clavoun la bluro vouto,
En ramageant sus la flour qu'as dessouto
Per teis amours quintou countentament !
Souto teis pas l'argentin rieou camino,
Helas ! en villo, uno estrècho cabino
Si paguo trooup, cres va, galois oousseou,
Leis riches soun plus durs que moun marteou.


Dins la cieoutat (*) leis vieoures sempre chiers
Fan creidar fouar la gent de cado merço,
Certens cercids mes coumo un rey de Perso,
An cependent lou toupet d'estre fiers ;
E lou tailhur, qu'en leis viam fa la mino
Perque l'an pas acquittat la faquino,
A-ti resoun ? diguo galois oousseou ?
Ah ! leissoun-mi piquar de moun marteou !

---

(*) Cieoutat, en français, cité.

Festo, oousseloun, canto la libertat
Que de sa man la Naturo ti douno,
Tresso toun nis en formo de courouno
Sus l'aoubre vert que lou ciele a pintat,
E mando à Dieou, sus l'alo d'un nuagi,
Lou gramaci de toun pichot oubragi,
Per, dins lou tems, gent e galois oousseou,
Ieou t'applaudir daou plat de moun marteou.

# TIRASSO-MALHUR

## vo

# LOU NERVI SAVIGNAS

Récité par mon ami J. LIEUTAUD

—❋—

Souartiam de la gargoto eme sans-soif l'Andouilho!
Aqueou flame souaffur que lou nas li brandouilho,
Touteis dous enliassas trimaviam à grand pas,
Vesiam virar leis gens e leis fanaous daou gaz;
Traversaviam ensin fouèn novo e Santo-Martho,
Mai de trobar l'oustaou cent cooups perdiam la carto.
A forço de virar, delonguo arribaviam
Aou *débit de boissons*, d'ounte à peno souartiam.
E vague de doublar per cinq cooups la centimo
Un canoun, que deis peds remountavo à la cimo;
Vague de reniflar davant lou countadou
Lou mous... que, per ma part, n'eri jamai sadou.
Moun cambarado, alors, round coumo uno booufiguo,
Lou nas dins lou valat, soumilhavo uno briguo,
Vouguent pas li troublar soun innoucent repaou
Parti... vaou faire testo aou cantoun d'un oustaou...
Anem... mi dieou :—*pas peur!* redreisso ta carcasso!...

Quan oouvi darnier ieou la vouax d'uno coouvasso
Que mi creido : — Soulard! rossailho! sac de vin
Vouèles pouartar toun pouar fouèro moun magasin !
Anavo s'encapar que tout moun persounagi
En toumbant s'ero fach plaço dins soun vitragi,
E per l'aguer roumput lou bouès de seis paneous
Vouliet cent francs d'escus, toueis d'or e deis nouveous!
Li respouendi : *pas peur!* pagatz-vous eis semellos!
Eme cent francs d'escus prendrieou cinq cent *sarcellos !*
Aourieou lou nas tout rouge e redoun coumo un ucu,
E per tout pagament li vireri lou cuou.
Aqui fouguet pas tout, quan souarteri la pouarto,
Quaouqu'un qu'aviet la man soulido e fouerso fouarto
Mi mando sus lou pif un as vivo l'amour
Que mi creseri mouar de la grosso doulour.
Pueis mi diguet : — Pardoun, coulèguo, mi trounpavi.—
Respouenderi : *pas peur!* mai lou sang mi torcavi,
Mi tirassi d'aqui gamboy, debrin debran
Jusquo prochi lou port, aou quartier de Sant-Jean.
Aqui n'en aviet v'un que d'en travers un veire,
Mouyennant un *arbier,* à cadun fasiet veire
Leis villos de Paris, Loundro, Sebastopol,
L'Emperour Abderamo eme soun parasol,
E, daou tems qu'aqui drechs dous gros gavouès badavoun
A si collar leis ueils aou veire que toucavoun,
En fent semblant de ren *dins l'endret,* per darnier,
Li plantavi ben founch uno aguilho d'aouffier,
Tamben ero curieou de veire la gavouetto
Quan n'en sentiet lou goust, semblavo uno machouetto ;
Reguignavo deis peds, li mandavo la man
E soun home daou tems n'en agantavo aoutant.

A la fin Jeanno e Jean fenisseroun per dire :
— L'a de diables eissi que dounoun lou martyre!
Saouvem-si n'en ben leou! — Li digueri : *pas peur!*
Viatz pas qu'es lou climat que vous pouarto malhur.
E dins lou *plus poupud* daou *Lanterno-magiquo*
Va l'anavi plantar... mai s'armant d'uno triquo
Mi n'en mandet d'aploun dous cooups sus lou capeou
Que moun poualo espooutid restet sus lou carreou !
O Tirasso-Malhur! mi dieou, leissaras faire
Uno insulto à toun front per aqueou ramounaire !
Aganti daou pegin, soun espeço d'ooutis,
Patatras ! e chascun veguet Loundro e Paris !
Pueis dreisseri lou bras... mai, juguant de soun resto,
Au milan d'un valat mi mandet faire testo;
Mi redreissi d'un bound d'aquel espes fangas,
Ounte l'avieou gravad lou mouèle de moun nas,
Per li saoutar dessus.... mai la bello qu'adori
Que per hasard passavo eme un flascoulet d'ori,
Mi dis : — Ti battras pas de par lou Dieou d'amour!
E lou grand sant Bacchus, lou proumier de sa cour. —
— Li dieou : T'esfrayes pas, M'amour, un cooup de brosso
Espaousso la pooussièro empegado e trooup grosso,
Alors mi dis : — Va ben, escouto, aquestou souar
Vendras, ti dounarai de racatis de pouar
Estacad ben aou bout daou manche de l'escoubo,
Se manques, vé, deman ti faou faire la loubo! —
— Respouenderi : *pas peur!* Ti dieou que l'anarai....
La segueri de luench.... et lou sero, tout gay,
Aou signaou counvengud, piquant aou bas ooufici,
Prengueri lou paquet ooufrid per moun caprici:
E vague de briffar... mai Tirasso-Malhur

Deviet pas ben longtems jouir d'aqueou bouènhur,
Li creidi : Theresoun, durbe-mi, vouèli bouaro !
Durbe, per faire vite, aganti la passouaro
E vague de vegear... de sorto que de vin
De la centuro en bas n'eri plen a la fin.
Alors, nouveou Malhur ! un gros carlin de damos
En coumpanié d'un gat fan de fuechs e de flammos,
L'un fa *mieou !* l'autre *baou ! mieou ! baou, baou, mieou !*
                              [*mieou ! baou !*
Aou pouint de faire creire aou Moussu de l'oustaou
Que l'aviet de voulurs dedins soun domicile,
Mi pensi : *n'as pas peur !* sus tu siegues tranquille,
E daou tems que lou riche, armad de soun fusieou,
Cresiet de m'ensuquar, vo de mi prendre vieou,
M'amour mi fet plaçar prochi d'uno tinetto
Ounte li sentiet pas segur la sabounetto,
Mai mi disieou : tent bouèn, renifles pas trooup fouar
Que noun eissi dedins ti trobessoun pas mouar !
E daou tems qu'oouvissiou lou gat, lou tchin, la saoumo,
*Mieou ! mieou ! baou, baou ! ha ! ha !* restavi dins ma
                              [baoumo.
Pueis va si rescountrar qu'aou traouc de moun reduit
En passant, lou Moussu, mi crachet dins un ueil,
Senso s'imaginar, dins sa grosso faliguo,
Que l'insulto à moun nas pendouriavo uno briguo,
Alors, ma Theresoun, venent à pas de loup
Ben daize, d'escoundoun durbet lou couradou,
E, *n'as pas peur !* jamai.... soulament mi sauveri,
De l'escalier radier un beisar li manderi....
Aqueou cooup,decidad de retrobar l'oustaou,
Prengueri lou sentier que mounto à l'hespitaou,

E mi trobant ben leou quilbad sus la placetto
Noumado Leis Moulins, jamai fouerso prouprelto,
Uno fremo, à fanaou, mis dis : — Mi gagnatz ren ?
Tres cartos per dous soous, mettetz seretz countent. —
Jugueri sus leis as uno houro de relogi,
Per gagnar un capoun... arribad m'ounte logi
Mi disieou : Cadenoun, que poulas! coumo es beou!
Per toun dinar, deman, aouras un fin mouceou!
Durmeri pas la nuech, tallament l'y penseri!
E quan à lou plumar lou matin mi metteri,
Toumberi casi mouar.... l'aviet dins lou poulas
Que de pailho e de fen per faire moun repas!!!

# A JESUS NAD

NOUVÉ

Musique de M. A. A.

A miegeo nuech la divino lumièro
    Daou ciel, creatriço de tout,
A penetrat dins aquesto pailhièro
    Ounte lou frech règno pertout.
Pas un cantoun, un mouceou de masuro
    N'en pouèdoun parar la rigour,
E cependent senso aur, senso paruro,
    Aqui règno nouèstre Signour.

Dieou venerad de touto la countrado
    Siegues benid, siegues loouzad !
Deis paoureis gens la counditien t'agrado :
    Venes coumbattre lou peca ;
Pardouno-nous, tu que sies tant bouèn paire,
    Oh ! pardouno, Dieu redemptour,
Nouèstre passat, ce que deviam pas faire,
    Pardouno-nous, divin Signour.

Riche d'amour, dins que counditien basso
  Sus terro venes ti plaçar ?
Venes segur per nous mouèstrar la traço
  Deis maous que devem traversar ?
Oh ! ben hurous de ti suivre à la piado,
  Enfant Jesus, pastad d'amour,
Souffrirem tout per aquesto journado
  Que t'a vist neisse, beou Signour.

FIN DAOU SOUQUET

# TAOULO

FIN DE LA TAOULO

## OBSERVATIONS

Je crois utile de faire remarquer au Lecteur que le vers de la page 7, ligne 24, devra être lu ainsi qu'il suit : **Sur les rubis du firmament,** au lieu de : Au haut du ciel du firmament.

Page 74, ligne 4. Une erreur typographique, produite par la similitude des noms, nous a fait désigner sous le nom de tarentule le petit lézard appelé *tarente* en Provence et qui appartient au genre des geckos, reptiles sauriens des régions chaudes de notre globe.

Page 75, ligne 16 : **Peounard il faut pour to refaire,** au lieu de : Peounard il faut te refaire.

Page 80, ligne 4 : Lire **avoz été dispos** au lieu de : avait été dispos.

Grande Imprimerie de Marseille, Mouillot fils aîné.

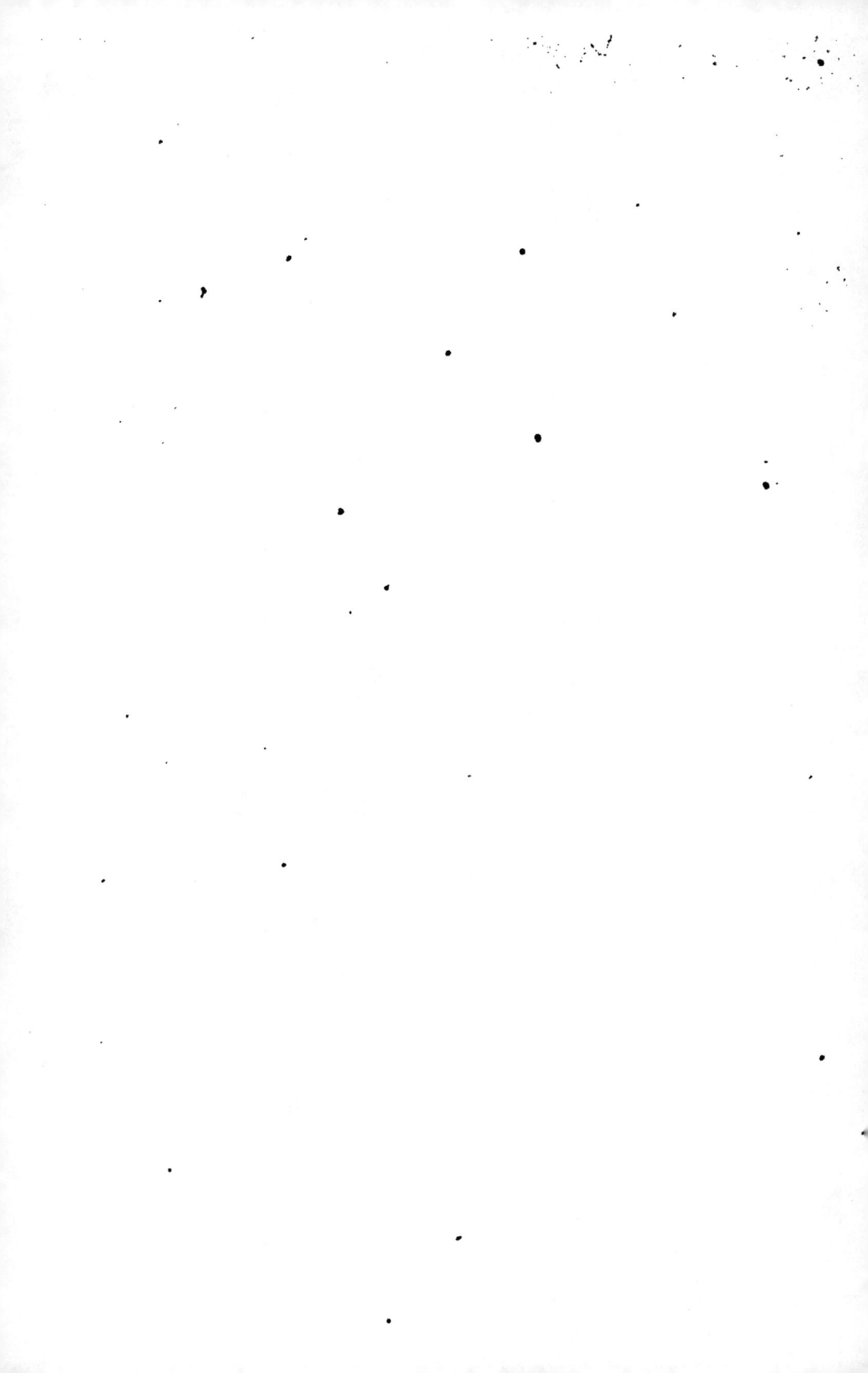

www.ingramcontent.com/pod-product-compliance
Lightning Source LLC
Chambersburg PA
CBHW072040080426
42733CB00010B/1944